Kolibri

Musikbuch 3/4
für die Grundschule

Herausgegeben von
Bettina Küntzel

unter Mitarbeit von
Meinhard Ansohn
Pit Budde
Wolfgang Junge
Doris Mehrländer
Judith Rösner-Hauswurz
Andreas Rubisch
Frigga Schnelle
Jennifer Stephens
Bettina Wallroth

Schroedel

Kolibri

Musikbuch 3/4

Herausgegeben von
Bettina Küntzel
unter Mitarbeit von
Meinhard Ansohn
Pit Budde
Wolfgang Junge
Doris Mehrländer
Judith Rösner-Hauswurz
Andreas Rubisch
Frigga Schnelle
Jennifer Stephens
Bettina Wallroth

Als Begleitmaterial sind erhältlich:
Materialien für Lehrerinnen und Lehrer
(Bestellnummer 3-507-**02707**-0)
4 CDs (Best.-Nr. 3-507-**02710**-0)

= Hörbeispiel auf CD

ISBN 3-507-**02701**-1

Druck A$^{5\ 4\ 3\ 2\ 1}$ / 2008 07 06 05 04

Alle Drucke der Serie A sind im Unterricht parallel verwendbar.

Illustrationen: Jule Ehlers-Jule, Silvia Kania,
Milada Krautmann, Marion Kreimeyer-Visse
Notensatz, Textsatz und Reproduktionen:
prima nota GmbH, Korbach
Druck und Bindung: klr mediapartner, Lengerich

Inhalt

Lieder

Musik für Stimmen …

… und Instrumente

Tanz und Bewegung

Musik zum Hören

Gedichte vertonen

Szenisches Spiel zu Musik

Copyright-Verzeichnis

M = Melodie T = Text
Tü = Textübertragung S = Satz
Ta = Tanzanleitung

S. 12f.	M und engl. T der 2.–4. Strophe: Bildungshaus Schulbuchverlage Westermann Schroedel Diesterweg Schöningh Winklers GmbH; Tü Str. 2–4: bei der Übersetzerin
S. 14	© M, T und Tf: Roba Musikverlag GmbH, Hamburg
S. 18	M, T und Tü: Origialtext auf Schweizerdeutsch und Melodie von Andrew Bond, aus: „Suneschtraal tanz emaal", © Lehrmittelverlag des Kantons Zürich 2000
S. 20	M und Tü: ARC Music Corp. Für Deutschland: Good Tunes Music AG, Genf
S. 22 o.r.	T: Bildungshaus Schulbuchverlage Westermann Schroedel Diesterweg Schöningh Winklers GmbH
S. 23	Tü: Bildungshaus Schulbuchverlage Westermann Schroedel Diesterweg Schöningh Winklers GmbH
S. 24	T: © James Krüss
S. 28	M und T aus: Sybille Günther, »Feuerwerk und Funkentanz«, ISBN 3-931902-85-4, 1. Auflage 2001, Ökotopia Verlag, Münster. Tel.: 0251/48198, E-Mail: info@oekotopia-verlag.de; Internet: www.oekotopia-verlag.de
S. 29	T: © James Krüss
S. 32f.	M und T: © Thomas Blendinger
S. 39	T: © Josef Guggenmos
S. 40f.	M und T: Paso Doble Musikverlag/EMI Music Publishing (Germany GmbH), Hamburg
S. 46	Tü: Bildungshaus Schulbuchverlage Westermann Schroedel Diesterweg Schöningh Winklers GmbH
S. 48	M und T: Urheberin bei Drucklegung nicht zu ermitteln S: Bildungshaus Schulbuchverlage Westermann Schroedel Diesterweg Schöningh Winklers GmbH
S. 50f.	M, T und S: Björn Isfällt, Enskede – Schweden
S. 52	M und T: 1958 by Edward B. Marks Music Corp., New York. Für D/A: Edition Jupiter Ralph Siegel KG, München
S. 53m.	Tf: bei den Textbearbeitern
S. 57	S: Bildungshaus Schulbuchverlage Westermann Schroedel Diesterweg Schöningh Winklers GmbH
S. 58	M und T: 1969 by Edward B. Marks Music Corp., New York. Für D/GUS/osteuropäische Länder: Musikverlag Intersong GmbH, Hamburg
S. 60	M und T: Aktive Verlagsgesellschaft mbH, Dortmund
S. 62	T: aus Michael Ende, DAS SCHNURPSENBUCH, © 1979 by Thienemann Verlag (Thienemann Verlag GmbH), Stuttgart-Wien
S. 63u.M:	C.F. Peters Musikverlag, Frankfurt/Main
S. 68	Tü: Rolf Budde Musikverlag, Berlin
S. 72	S, Tü, Ta: Bildungshaus Schulbuchverlage Westermann Schroedel Diesterweg Schöningh Winklers GmbH
S. 76	M und T: by Intersong Music Ltd. Für D/GUS/osteuropäische Länder: Hanseatic Musikverlag, Hamburg
S. 78	M und T: Edition Eres, Lilienthal/Bremen
S. 80	M und T: 1989 Hit Pick Music (Edition Wunderwolke), Eurasburg. Mit freundlicher Genehmigung von WUNDERWOLKE – Popmusik und Spaß für Kinder. www.wunderwolke.de
S. 82	M und T: Autorenverlag Worpsweder Musikwerkstatt
S. 88	S: Bildungshaus Schulbuchverlage Westermann Schroedel Diesterweg Schöningh Winklers GmbH
S. 106	M und T: Macht die Musik Musikverlag/Musik-Edition Discoton GmbH
S. 107	T: Thienemann Verlag (Thienemann Verlag GmbH), Stuttgart-Wien
S. 108	M: © 1953 by MYERS MUSIC INC/Subverlag: ED KASSNER & CO MUSIKVERLAG
S. 111	M und T: Aktive Musik Verlagsgesellschaft mbH, Dortmund
S. 118f.	M und T: Auer Verlag, Donauwörth
S. 120f.	M und T: aus »Roby und das Geheimnis der Magie«, © Moon-Records- Verlag, Düsseldorf

Bildquellen-Verzeichnis

action press, Hamburg: S. 8 (Nickelback), 20 (Chuck Berry), 21 (Strandjungs), 66 o.
Archiv für Kunst und Geschichte, Berlin: S.17o., 30, 56r., 104o.
Archiv Gerstenberg, Wietze: S. 17u.

Bavaria Bildagentur, Gauting: S. 8 (Folkloregruppe)

Cinetext, Frankfurt: S. 9 (Titanic)
Claudia Dippon, Gießen: S. 19u.r.

dpa, Frankfurt: S. 8 (heute Journal; G. Schöne, Nena, M. u. M. Hellwig), 9 (Orchester, Googlio, DJ), 11 (Pianistin, Orchester), 20 (Beach Boys), 21 (A. Carter), 31m., 31u., 40u., 56u., 57, 69m.r., 102, 103u.
© Disney: S. 63o.

Foto Tegeler, Lüneburg: S. 94u., 95, 97o.
Roland Frank, Karlsruhe: S. 9 (Organist)

Monika Heinlein, Karlruhe: S. 27u.
Historisches Farbarchiv Albert Messerklinger, München: S. 84, 92u.l.

Internationale Musikverlage Hans Sikorski, Hamburg: S. 38o.

Wolfgang Junge, Berlin: S. 49 (beide Fotos)

Marshall Cavendish Ltd., Hamburg: (Große Komponisten Heft 34, Händel. Der Messias): S. 26o., 27o
Christine Meile, Diedorf: S. 107

aus: Native American Dance, National Museum of the American Indians, USA: S. 70

© Friedrich Oetinger Verlag, Hamburg: S. 40–41 (»Pettersson und Findus«), 50u.l., 51o.r.

Suzanne Richter, Karlsruhe S. 76 (Foto)
Dieter Riess, Chemnitz: S. 55o.r.
Boris Rostami-Rabet, Hamburg: S. 68l.

Petra Schaeber, Salvador de Bahia/Horneburg: S. 69
Schroedel-Archiv: S. 99
Schülerzeichnung: S. 12u., 31o., 36o., 62 (Pupe, Föhl),
Leslie E. Spatt, Kew, Richmond/Surrey: S. 64f.
aus: Die Zauberflöte, Buch Nr. 34, hg. von der Staatsoper Unter den Linden, Berlin: S. 54
story press, Berlin: S. 9o.m. (Opernsängern)

Illustration von Rolf Rettich, aus: Michael Ende, DAS SCHNURPSENBUCH © 1979 by Thienemann Verlag (Thienemann Verlag GmbH), Stuttgart-Wien: S. 62o.

Die Seiten 82, 83, 100 und 101 wurden von Jule Ehlers Julo illustriert.

Die Seiten 10, 11o.r., 22, 23, 36, 37, 42u., 43o., 44, 45, 78, 79o., 86, 87, 110, 111 und 123 wurden von Silvia Kania illustriert.

Die Seiten 8, 9, 12, 13, 16, 20, 21, 24, 25, 28, 29, 32, 33, 38, 39, 48, 49, 52, 53, 55, 58, 59, 60, 61, 74, 75, 76, 77, 80, 81, 85, 91, 116, 117, 124 und 125 wurden von Milada Krautmann illustriert.

Die Seiten 14, 15, 18, 19, 34, 35, 46, 47, 50, 51, 62u.l., 66u., 67, 68r., 69u., 71, 72, 73, 79u., 88, 89, 90, 92, 93, 94, 96, 97, 98, 99, 103m., 104r., 105, 108, 109, 112, 113, 114, 115, 118, 119, 126 und 127 sowie der Umschlag wurden von Marion Kreimeyer-Visse illustriert.

Trotz entsprechender Bemühungen ist es nicht in allen Fällen gelungen, den Rechtsinhaber ausfindig zu machen. Gegen Nachweis der Rechte zahlt der Verlag für die Abdruckerlaubnis die gesetzlich geschuldete Vergütung.

Musik, Musik, Musik

Es gibt so viel Musik!

In diesem Fernsehgeschäft laufen zwölf verschiedene Programme gleichzeitig. Überall sieht und hört man Musik!

1. Welches Musikbeispiel passt zu welchem Bild?

Ordnet die Bezeichnungen für Musikrichtungen den Bildern und den Musikstücken zu.

I/1–12

Volksmusik

Kinderlied

Klassische Orchestermusik

POP

lateinamerikanische Folklore

TECHNO

Hip-Hop

Erkennungsmelodie

Filmmusik

KIRCHENMUSIK

ROCK

Oper

Eine Geräusche-Geschichte

1. *Hört euch die Folge von Geräuschen an und findet heraus, welche Geschichte sich daraus ergibt.* I/13

2. *Schreibt alle Geräusche in ihrer Reihenfolge auf.*

3. *Erzählt, was passiert.*

Es geschah im »Wilden Westen« ...

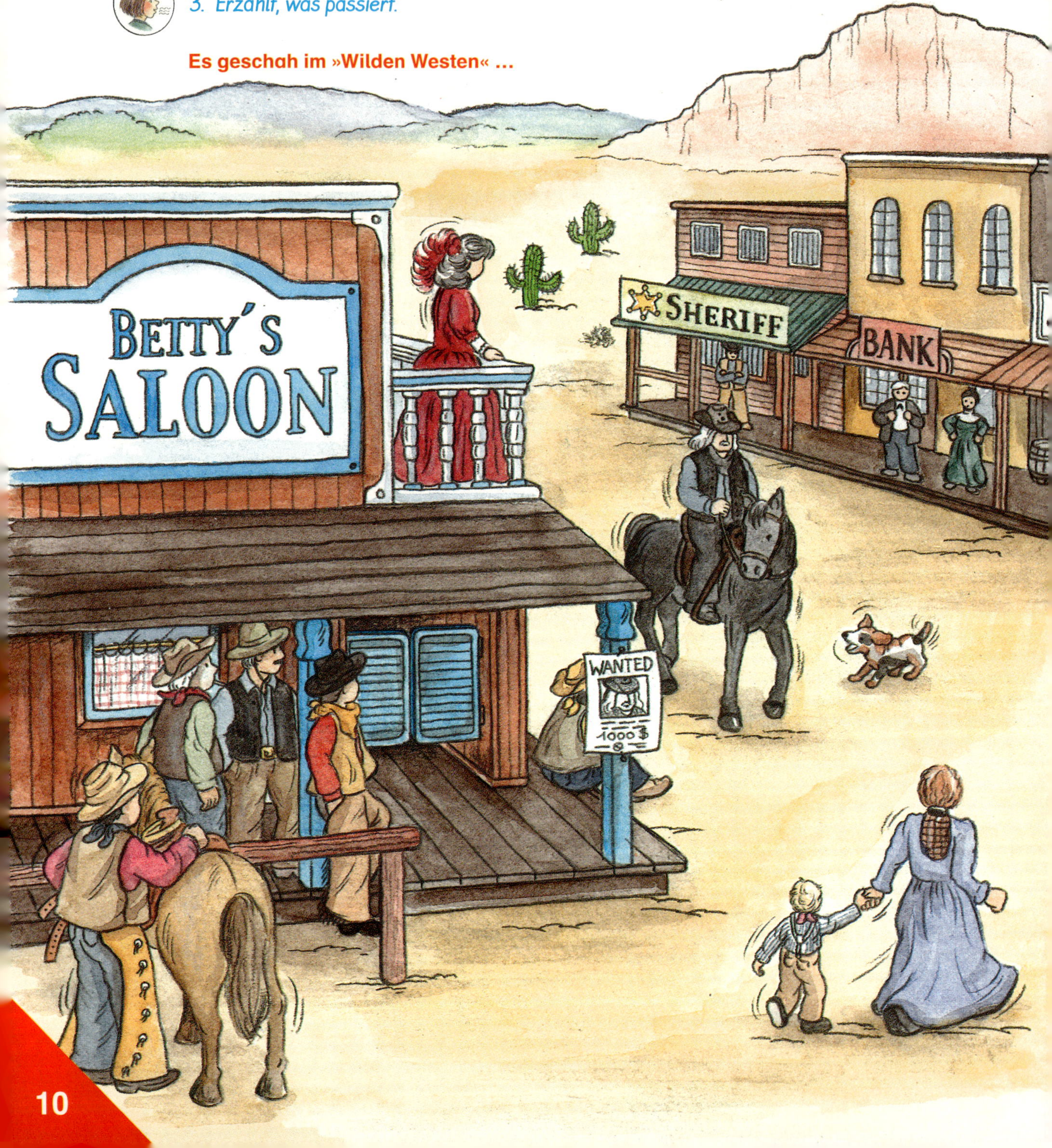

Stimmungen in der Musik

1. *Hört euch die Musikausschnitte an und ordnet sie den Wörtern zu.* I/14–18

2. *Wie viele Musikbeispiele werden von einem Orchester und wie viele auf einem Flügel gespielt?* I/14–18

Jahreszeiten und Feste

Ich lieb' den Frühling – I like the flowers I/19–21

Melodie, englischer und dt. Text der 1. Str.: mündlich überliefert
2.–4. Str. Renate Kreis/Christl Schultz
deutscher Text (2.–4. Str.): Heike Schrader

2. Ich lieb' den Sommer, ich lieb' den Sand, das Meer.
Sandburgen bauen und keinen Regen mehr,
Eis essen, Sonnenschein, so soll's immer sein.

3. Ich lieb' die Herbstzeit, stürmt's auf dem Stoppelfeld.
Drachen, die steigen, hoch in das Himmelszelt.
Bunte Blätter fallen von dem Baum herab.

4. Ich lieb' den Winter, wenn es dann endlich schneit,
hol' ich den Schlitten, denn es ist Winterzeit,
Schneemann bau'n und Rodeln geh'n, ja, das find' ich schön.

2. I like the summer, I like the bumblebee,
I like the ice cream, I like the deep blue sea,
I like the holidays when the school is out.

3. I like the autumn, I like the golden leaves,
I like the apples, I like Halloween,
I like the stormy times when the days are dark.

4. I like the winter, I like the christmas tree,
I like Santa, I like to use my ski,
I like the new year when it starts again.

1. Dieses Lied könnt ihr gesanglich unterschiedlich gestalten:
- *Ihr könnt das >Di dum, di da ...< oder das >Da boom de ah ...< als Einleitung singen.*
- *Ihr könnt das Lied im Kanon singen.*
- *Ein Teil der Klasse kann das >Di dum, di da ...< oder das >Da boom de ah ...< als zweite Stimme singen.*

Liedbegleitung mit Instrumenten I/22

Glockenspiel

Xylophon 1

Metallophon 1

re = rechte Hand
li = linke Hand

Metallophon 2

Bass

Schellenring
Sprechhilfe:

Klangholz
Sprechhilfe:

Triangel
Sprechhilfe:

Rassel
Sprechhilfe:

Pauke
Sprechhilfe:

1. *Spielt die Metallophon- und Bass-Stimmen mit zwei Schlägeln im Wechselschlag.*

2. *Die Rhythmus-Stimmen könnt ihr einzeln zu jeder passenden Strophe oder durchgehend vierstimmig spielen.*

Die Faschings-Polonäse I/23–24

Melodie: Werner Böhm-Thorn
Text: Michael Jud/W. Böhm-Thorn
Textfassung: B.K.

Wenn beim Faschingsfest am Nachmittag dieses Lied erklingt und die Stimmung steigt, dann geht es erst richtig los. Als ›Schlange‹ oder in Reihen tanzen alle singend durch das Haus.

Die Polonäse – ein alter Tanz

Schon seit langer Zeit ist die Polonäse ein beliebter Tanz zur Eröffnung von Festen. Dabei gehen die Paare in langen Reihen hintereinander und führen verschiedene Tanzfiguren aus.
In Königshäusern ging früher der Zug dann durch prächtig geschmückte, hell erleuchtete Säle. Eine strenge Ordnung am Hofe legte fest, wer gleich hinter dem Königspaar gehen durfte und wer danach kam.
Das richtete sich nach der Würde und Wichtigkeit der Person, nach der Rangordnung. Wenn Bedienstete des Königs überhaupt mittanzen durften, kamen sie ganz an den Schluss des Zuges.

1. *Versucht die abgebildeten Figuren zur Musik nachzutanzen.* I/25
Wählt dazu ein Königspaar, Prinzessinnen und Prinzen, Gräfinnen und Grafen aus.

Komm, lieber Mai I/26

Melodie: Wolfgang Amadeus Mozart
Text: Christian Adolf Overbeck

2. Zwar Wintertage haben
wohl auch der Freuden viel,
man kann im Schnee eins traben
und treibt manch' Abendspiel,
baut Häuserchen von Karten,
spielt Blindekuh und Pfand,
auch gibt's wohl Schlittenfahrten
aufs liebe freie Land.

3. Ach wenn's doch erst gelinder
und grüner draußen wär'!
Komm, lieber Mai, wir Kinder
wir bitten dich gar sehr!
O komm und bring vor allen
uns viele Veilchen mit,
bring auch viel Nachtigallen
und schöne Kuckucks mit!

Der kleine Wolfgang als ›Wunderkind‹

Wolfgang Amadeus Mozart

»Komm, lieber Mai« ist eines der bekanntesten Lieder von Wolfgang Amadeus Mozart.
Schon als Kind in Salzburg war Wolfgang ständig von Musik umgeben. Sein Vater war ein bekannter Musiker, Komponist und Musiklehrer. So wurde bei den Mozarts zu Hause viel gesungen und musiziert.
Wolfgang und seine Schwester – »Nannerl« genannt – lernten vom Vater das Notenlesen, das Aufschreiben von Musik und das Komponieren. Aber auch alles andere brachte ihnen der Vater bei, denn eine richtige Schule besuchten sie nie.
Als Wolfgang sieben und seine Schwester elf Jahre alt waren, begann für die Familie eine lange Reise durch Europa. Dreieinhalb Jahre fuhren sie in einer eigenen Kutsche durch Frankreich, Deutschland, Holland und England. Die Kinder gaben ständig Konzerte. Sie spielten vor Königinnen und Königen und lernten auch berühmte Musiker und Komponisten kennen. Natürlich war die Reise in einer Kutsche auf den schlechten, gefährlichen Straßen unbequem und vor allem im Winter sehr kalt. So ist es nicht verwunderlich, dass die Kinder mehrmals schwer krank wurden.

Durch diese Reisen wurden die Mozart-Kinder in ganz Europa berühmt.
Vor allem Wolfgang wurde überall gefeiert, weil er neben dem Klavierspiel noch andere ungewöhnliche Fähigkeiten zeigte: Er konnte Musik, die er hörte, sofort nachspielen und aufschreiben. Er konnte genau den Ton nennen, wenn im Publikum jemand an sein Glas schlug und es zum Klingen brachte.
Vor allem aber konnte er schon richtig komponieren. I/27

Sommergewitter

Musik und Text: Andrew Bond
deutscher Text: BK

2. Sommerabend, die Sonn' ist versteckt,
etwas hat sie zugedeckt.
Plötzlich wird's hell und schon ist es weg,
es ist ein Blitz!

3. Sommerabend, der Wind ist noch schwach,
kommt ein Sturm mit Ach und Krach.
Große Tropfen hämmern aufs Dach,
Gewitterregen.

4. Sommerabend, der Himmel ist frei,
Gewitter ist ja schon vorbei.
Ich hoff', das nächste kommt schon gleich,
Sommergewitter.

Erst der Donner, dazu der Blitz und dann noch der Regen!
Zum Glück hat das Sommergewitter auch sein Gutes:
Es bringt Abkühlung und bewässert die Pflanzen.

1. *Hört euch an, wie Ludwig van Beethoven ein Sommergewitter komponiert hat.* I/30

Gewitter-Begleitung für den Refrain I/31

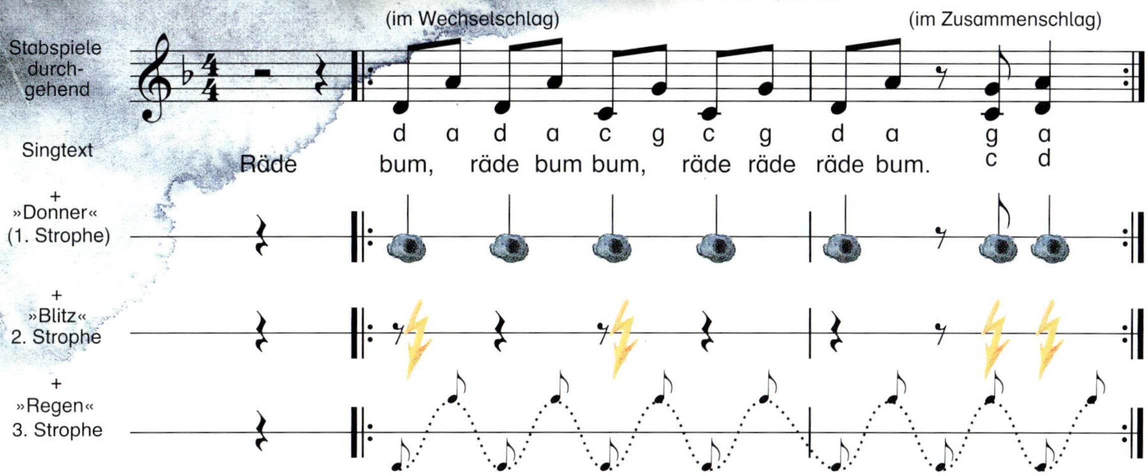

Stabspiel spielen im Wechselschlag

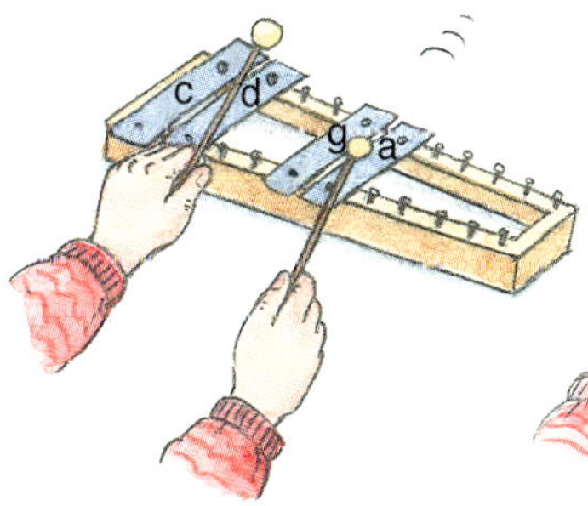

Stabspiel spielen im Zusammenschlag

Einen Regenmacher basteln

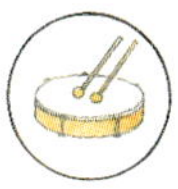

1. *Spielt die Begleitung des Refrains mit Instrumenten.*

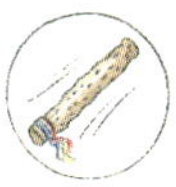

2. *Baut euch einen Regenmacher.*

- Nägel in die Röhre schlagen
- Material einfüllen
- Deckel schließen

Surfen auf dem Baggersee I/32–33

Melodie: Chuck Berry
deutscher Text: Guntmar Feuerstein

2. Sie kommen aus Wanne-Eickel
und aus Paderborn,
und auch die Leute aus Dortmund,
die sind beim Surfen vorn.
So lernen auch die Kleinen
das Surfer-A-B-C,
denn sie wollen alle surfen
auf'm Baggersee.

3. Und jedes Wochenende
da fahr'n sie alle raus,
auf jedem Auto ein Surfboard
in kilometerlangen Staus.
Frag sie mal nach Fußball,
da sag'n sie alle: ›Nee‹,
denn sie wollen alle surfen
auf'm Baggersee.

4. Strophe = 1. Strophe

Ein Hit auf Zeitreise

Die Melodie des Liedes »Surfen auf dem Baggersee« ist schon ziemlich alt.

Als eure Großeltern noch jung waren, wurde die Musik jeden Tag im Radio gespielt.
1958 hatte der amerikanische Rocksänger Chuck Berry eine Freundin, die 16 Jahre alt war.
Für sie komponierte er das Lied »Sweet little Sixteen«.
I/34

Nur fünf Jahre später dichtete eine Band mit dem Namen »The Beach Boys« den Text um.
In »Surfin' USA« singen sie davon, wie viel Spaß Surfer beim Wellenreiten haben.
I/35

Auch in Deutschland wurde das Surfen auf dem Wasser immer beliebter. Deshalb sang die Gruppe »Strandjungs« das Lied im Jahre 1984 auf deutsch. »Surfen auf dem Baggersee« erreichte damals sogar Platz 1 der deutschen Hitparade. I/32

1999 sang der damals zwölfjährige amerikanische Junge Aaron Carter das Lied. Nun hieß es wieder »Surfin' USA«. I/36

?

*1. Hört euch Ausschnitte aus den vier Einspielungen an.
Welche Unterschiede oder Gemeinsamkeiten könnt ihr feststellen?*

Halloween

Am 31. Oktober war es soweit: Samhain, der irische »Lord of the dead«, erlaubte vor über 2000 Jahren den Seelen der Toten, für eine Nacht zur Erde zurückzukehren.
Später ernannte die katholische Kirche den 1. November zum Tag der »Allerheiligen«, im englischen »All Hallows« genannt.
Den Abend davor, also den 31. Oktober, nannte man »All Hallows Eve« – Halloween.
Als Geister, Hexen und Skelette verkleidet ziehen in den USA Kinder von Haus zu Haus und fragen »Süßes oder Saures?« – »Trick or treat?«
Dann bekommen sie entweder Tritte oder Süßigkeiten!

Halloween-Rap I/37–38

Text: Renate Kreis/Christl Schultz
deutscher Text: BK

Witches in green and witches in black,
Hexen in grün und Hexen in schwarz.

Witches in blue und witches in red.
Hexen in blau und rot, auf Hexenart.

Lots of broomsticks, steeple hats,
Viele mit Besenstiel, viele mit Hut.

Burning fire which pops and cracks.
Feuer, das knallt und zischt, hu-u-u!

Witches in pink and witches in grey,
Hexen in lila und Hexen in grau.

Trick or treat – hey, hey, hey!
Süßes oder Saures – hey hey hoo!

1. Sprecht den Rap mit ausdrucksstarker Stimme.

2. Erfindet eine Begleitung auf Rhythmusinstrumenten.

Jack-o'-lantern I/39–40

Melodie und Text: Tom Glazer
deutscher Text: BK

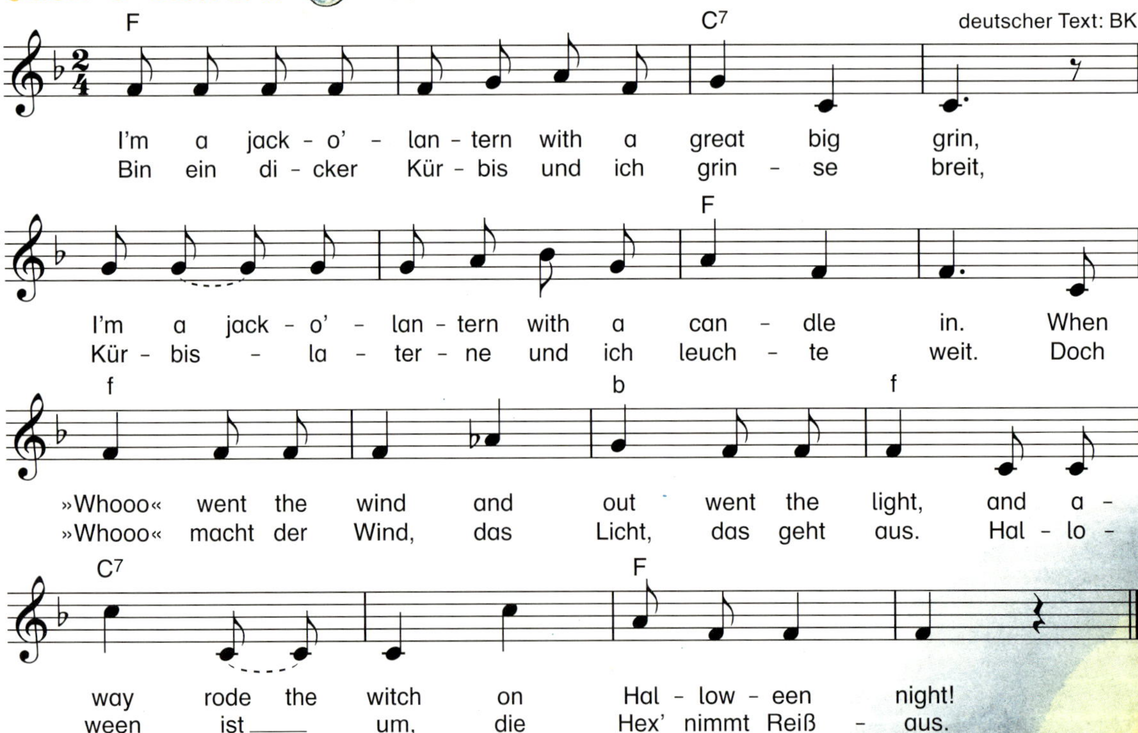

Kürbislaternen sollen an Halloween die bösen Geister vertreiben!

Halloween I/41–42

Melodie und Text:
Malsette Renstrom
deutscher Text: BK

3. *Spielt gruselige Klänge zum Lied und macht am Schluss bei »Boo!« ein Geräusch, das erschreckt.*

Diese Lieder singen Kinder in den USA.

Tannengeflüster

Wenn die ersten Fröste knistern
in dem Wald bei Bayrisch Moos,
geht ein Wispern und ein Flüstern
in den Tannenbäumen los,
ein Gekicher und Gesumm,
ringsherum.

Eine Tanne lernt Gedichte,
eine Lärche hört ihr zu.
Ein dicke, alte Fichte
sagt verdrießlich: Gebt doch Ruh!
Kerzenlicht und Weihnachtszeit
sind noch weit!

Vierundzwanzig lange Tage
wird gekräuselt und gestutzt
und das Wäldchen ohne Frage
wunderhübsch herausgeputzt.
Wer noch fragt: Wieso, warum? –
der ist dumm.

Was das Flüstern hier bedeutet,
weiß man selbst im Spatzennest:
Jeder Tannenbaum bereitet
sich nun vor aufs Weihnachtsfest.
Denn ein Weihnachtsbaum zu sein:
Das ist fein!

James Krüss

Einen Sprechgesang und eine Melodie selbst erfinden

Aus einem Gedicht wird ein **Sprechgesang,** wenn der Text rhythmisch gesprochen wird.
Hier ein Beispiel für das Gedicht ›Tannengeflüster‹.

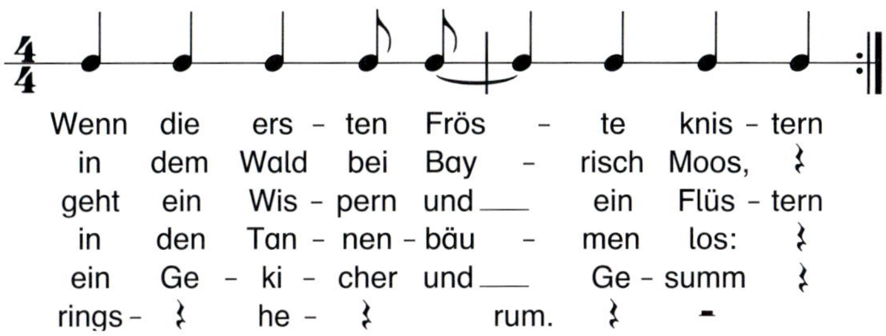

1. Erfindet selbst einen Sprechgesang zu dem Gedicht.

Aus einem Gedicht wird ein **Lied,** wenn man sich zu dem Text eine passende Melodie einfallen lässt.
Bei einer Melodie kann man die einzelnen Tonhöhen deutlich voneinander unterscheiden.
Man spricht nicht mehr, sondern man singt.
Doch sowohl beim Sprechen als auch beim Singen darf der Rhythmus nicht fehlen.

Hat man den Anfang einer Melodie, findet sich auch leicht der Rest.

Hier ein Beispiel für einen Liedanfang zu dem Gedicht »Tannengeflüster«.

*2. Erfindet selbst eine Melodie zu dem Gedicht »Tannengeflüster«.
Ihr könnt eure Melodie auch im Rhythmus des Sprechgesanges singen.*

*3. Nehmt eure Ideen mit Hilfe eines Mikrophons auf.
Solltet ihr eine Kamera zur Verfügung haben, könnt ihr euch mit eurem Sprechgesang oder eurem Lied auch filmen lassen.
Dabei ist dann eure Präsentation besonders wichtig.*

Rhythmusinstrumente – Melodieinstrumente

4. Mit welchen der abgebildeten Instrumente kann man eine Melodie spielen und mit welchen nicht? I/43

Halleluja I/44–45

Georg Friedrich Händel (1685–1759) komponierte den »Messias« vor ca. 300 Jahren. Er wurde das erste Mal in Dublin (Irland) im Rahmen einer Wohltätigkeitsveranstaltung aufgeführt, die zugunsten der Gefangenen in den Stadtkerkern stattfand.

Dieses Musikstück für Chor und Orchester hört man oft in der Weihnachtszeit. Es ist Teil eines großen Musikwerkes mit dem Titel »Der Messias« (der Erlöser). Darin wird das Leben Jesu Christi erzählt. »Halleluja« bedeutet »Lobe den Herrn« und ist ein Freudengesang.

1. Ihr könnt den Anfang des Chorgesanges selbst auf Instrumenten musizieren.

Halleluja I/46

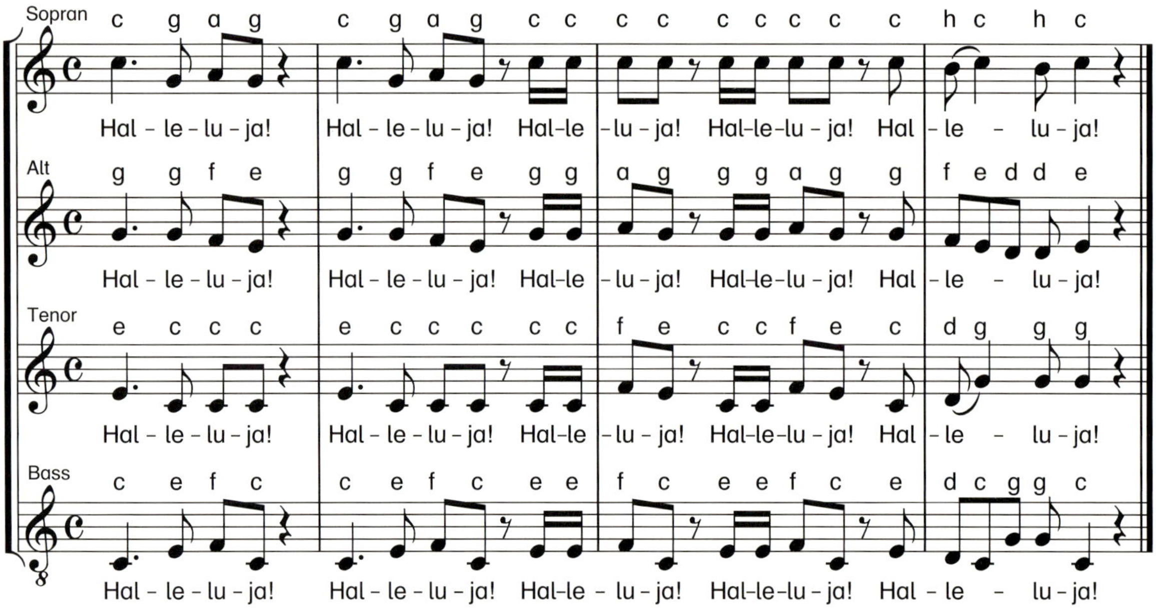

2. Bevor ihr vierstimmig musiziert, könnt ihr gemeinsam den Rhythmus üben.

Welche Stimmen spielen Rhythmus 1 und welche spielen Rhythmus 2?

Der Messias sitzt neben Gottvater, über ihnen der Heilige Geist, um sie herum eine Schar von Engeln.
Gemälde dieser Art waren zu Händels Zeiten sehr beliebt.

In einem Chor singen viele Menschen gemeinsam.
Für jede Stimmlage gibt es eine Gruppe:

I/47

Frauen
- hohe Stimmlage = Sopran
- tiefe Stimmlage = Alt

Männer
- hohe Stimmlage = Tenor
- tiefe Stimmlage = Bass

Der Feuergeister-Flammentanz I/48–49

Melodie: Günther Geisinger
Text: Hartmut E. Höfele
Bearbeitung: BK

2. Ihr Flammengeister aufgewacht,
schnell das Lichtlein angemacht.
Und dann mit Flammenzungen
das Brennholz fest umschlungen.

3. Ihr Feuergeister gebt nun Acht,
gleich wird das Feuer ausgemacht.
Mit einem Eimer Wasser auch,
zum Himmel hoch steigt dann der Rauch.

1. Bastelt euch »Flamme« und »Glut«.

2. Gestaltet damit einen Tanz zum Lied.

Flamme

Glut

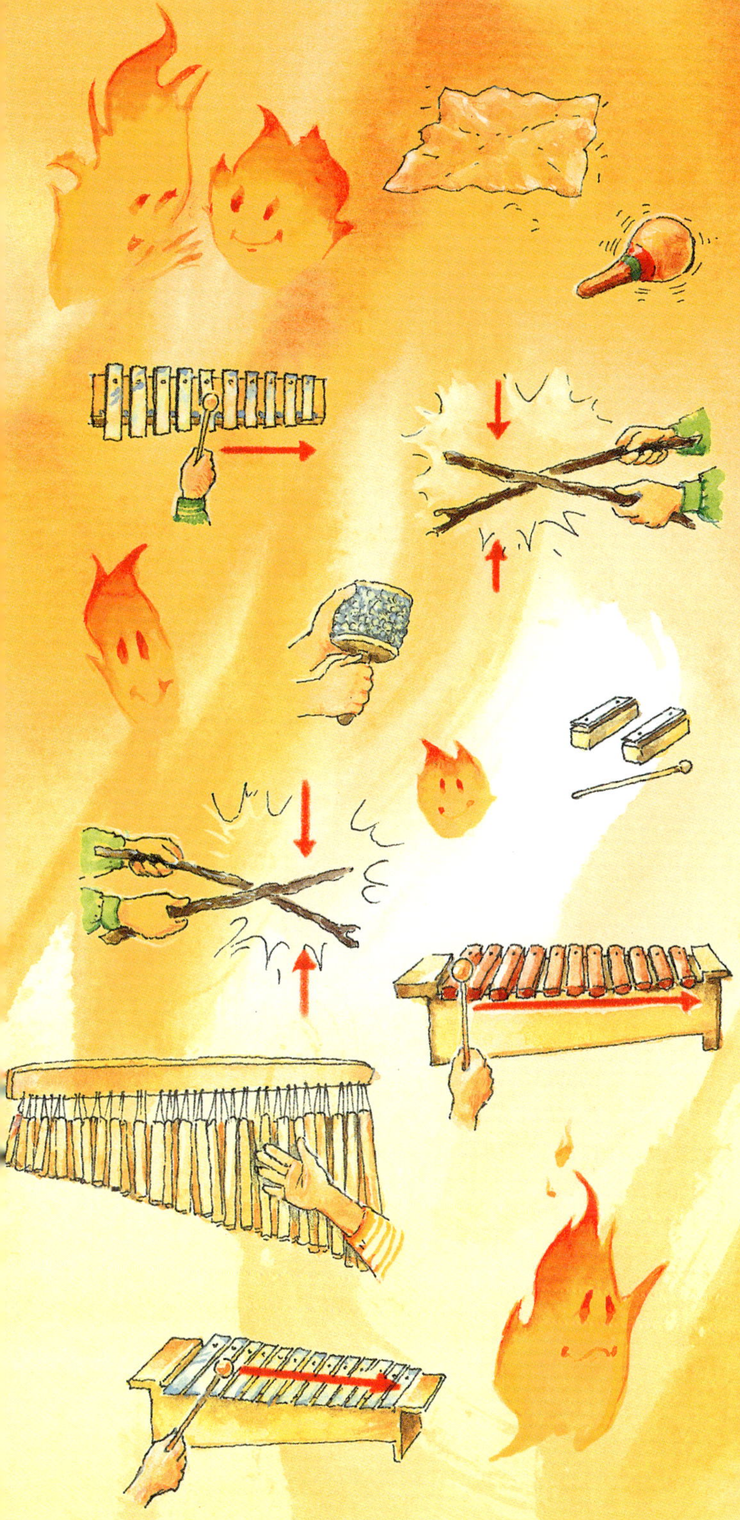

Das Feuer 1/50

von James Krüss

Hörst du, wie die Flammen flüstern,
knicken, knacken, krachen, knistern,
wie das Feuer rauscht und saust,
brodelt, brutzelt, brennt und braust?

Siehst du, wie die Flammen lecken,
züngeln und die Zunge blecken,
wie das Feuer tanzt und zuckt,
trockne Hölzer schlingt und schluckt?

Riechst du, wie die Flammen rauchen,
brenzlig, brutzlig, brandig schmauchen,
wie das Feuer, rot und schwarz,
duftet, schmeckt nach Pech und Harz?

Fühlst du, wie die Flammen schwärmen,
Glut aushauchen, wohlig wärmen,
wie das Feuer, flackrig-wild,
dich in warme Wellen hüllt?

Hörst du, wie es leiser knackt?
siehst du, wie es matter flackt?
Riechst du, wie der Rauch verzieht?
Fühlst du, wie die Wärme flieht?

Kleiner wird der Feuersbraus:
Ein letztes Knistern,
ein feines Flüstern,
ein schwaches Züngeln,
ein dünnes Ringeln –
aus.

Lautstärken

piano (p) = leise
mezzoforte (mf) = mittellaut
forte (f) = laut
crescendo = lauter werdend
decrescendo = leiser werdend

*1. Im Gedicht »Feuer« verändert sich die Lautstärke:
Es fängt leise an und hört leise auf.
An welcher Stelle ist es am lautesten?*

2. Vertont das Gedicht und beachtet das Lauterwerden (crescendo) und das Leiserwerden (decrescendo).

Sturm auf dem Meer

Es ist ein warmer schwüler Herbsttag. In dem kleinen englischen Fischerdorf kommen die Fischer mit ihren Booten in den Hafen zurück. Vor der Gaststätte sitzen einige Dorfbewohner und beobachten interessiert das emsige Treiben der Fischer. Doch die idyllische Ruhe trügt. Es liegt etwas Unheilvolles in der Luft. Schon ist von Ferne ein leises Grollen zu hören. Die eben noch so strahlende Sonne wird langsam von dunklen Wolken verdeckt. Boote werden festgemacht, Netze eingeholt und die Fensterläden verschlossen. Innerhalb weniger Minuten ist das ganze Dorf menschenleer. Aber was ist das? Die Umrisse eines Segelschiffes erscheinen weit draußen am Horizont. Es segelt direkt auf den Hafen zu, doch plötzlich verdunkelt sich der Himmel und ein gewaltiger Sturm bricht los.

1. *Hört euch die Sturmmusik an.* I/51
   Erreicht das Schiff den rettenden Hafen oder nicht?

2. *Malt ein Bild, das zur Musik passt.*

3. *Mit einem Schwungtuch oder einem großen blauen Bettlaken könnt ihr den Sturm auf dem Meer nachspielen.*

Schülerzeichnung

Benjamin Britten hat die Oper »Peter Grimes« komponiert, aus der das Musikstück »Der Sturm« stammt.
Erzählt wird die Geschichte des Fischers Peter Grimes. Ihm wird es im Laufe der Oper schlecht ergehen. Der unheilvolle Sturm am Anfang der Oper erklingt wie eine böse Vorahnung.

Benjamin Britten dirigiert

Benjamin Britten lebte von 1913 bis 1976 und ist einer der bedeutendsten englischen Komponisten.
Er komponierte Musik für Filme, war Dirigent und ein sehr guter Klavierspieler.

Manchmal legt sich der Sturm und wird ganz ruhig. Das Instrument, das an diesen Stellen spielt, ist eine Harfe. Harfenspieler zupfen die Saiten mit den Fingern beider Hände. Der kleine Finger wird dabei nicht benutzt. Bestimmte Saiten sind farbig, um dem Spieler die Orientierung zu erleichtern.

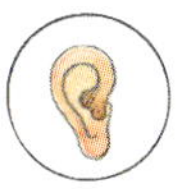 *4. Hört euch Musik für Harfe an.*  I/52

 *5. Spielt mit verschiedenen Instrumenten einen Sturm nach. Sucht ein passendes Instrument für den ruhigen Teil aus.*

Wassertropfen I/53, II/I

Musik und Text:
Thomas Blendinger

1. Verfolgt den Weg des Wassertropfens im Bild.

Die Moldau

»Aus zwei Quellen entspringt sie, plätschert munter im Gestein,
glitzert in der Sonne und wird immer breiter.«
So beschrieb der tschechische Komponist Friedrich Smetana 1879 die »Moldau«, und genau so wollte er diesen Fluss auch musikalisch schildern. II/2

Die Querflöten stellen leise das Rieseln der ersten Quelle dar, wobei Wassertropfen aufspritzen, die von gezupften Geigen nachgeahmt werden.
Kurz darauf kommt der zweite Quellfluss hinzu – gespielt von den Klarinetten.
Ein Gebirgsbach entsteht, wenn die Bratschen beginnen, in fließenden Tönen mitzuspielen.
Mit den Celli, den Kontrabässen, den Hörnern und der Triangel wird der Klang immer breiter, aus dem Bächlein wird ein Fluss.
Nun beginnen Geigen und Oboen mit einer Melodie, und schon ›sieht‹ man den Fluss voll und schön dahinfließen.
Je lauter die Musik wird, desto größer und mächtiger wird die Moldau.

1. Hört euch den Ausschnitt an und verfolgt dabei das Bild. II/3

Den weiteren Verlauf der »Moldau« beschreibt der Komponist so:

»Ihre Ufer hallen von Jagdfanfaren und ländlichen Tänzen wider.
– Mondschein, Nymphenreigen. –
Sie gelangt zu den St. Johannes-Stromschnellen, an deren Felsen ihre Wellen zu schäumendem Gischt zerspritzen.
Von dort strömt sie breit hin gen Prag, wo sie die altehrwürdige Burg begrüßt.«

2. Hört euch die Ausschnitte an und versucht, sie der Beschreibung zuzuordnen.

II/4–8

Die Moldau selbst gestalten

Schülerzeichnungen

1. Hört den Anfang des Orchesterstückes »Die Moldau«.
   Was fällt euch zu dieser Musik ein? II/2

2. Welchen »Film« seht ihr in eurem Kopf?
   Malt oder zeichnet.

3. Gestaltet mit Bändern die Wasser- und Wellenbewegungen, die ihr in der Musik hört.

4. Bewegt alle gemeinsam eine große Abdeckfolie zur Musik. II/2
   »Erzählt« die Entwicklung des Wassers von der Quelle zum Fluss.

Eine eigene Flussmusik erfinden

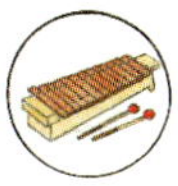

1. Versucht, das Wachsen eines Flusses in Klänge umzusetzen.
   Erfindet eine eigene Flussmusik.

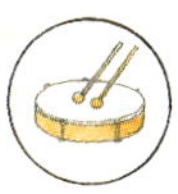

2. Sammelt Begebenheiten, die sich am Ufer eines Flusses oder im Fluss ereignen können.
   Setzt sie in Klänge um und musiziert sie nacheinander zu eurer Flussmusik.

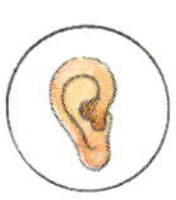

3. Hört euch Lieder und Musikausschnitte an, in denen Wasser beschrieben wird.
   II/9–12
   Woran erkennt ihr in der Musik den Lauf des Wassers?

Waldmusikanten

Die Komponistin Sofia Gubaidulina schrieb für ihre kleine Tochter eine Sammlung von 14 Klavierstücken, die sie »Musikalisches Spielzeug« nannte.
Eines dieser Stücke heißt »Waldmusikanten«.

1. *Hört euch das Klavierstück sehr aufmerksam an. Achtet auf alle Klänge und macht euch ein eigenes Bild davon, wie der Wald aussieht und was darin passiert.*
   II/13
2. *Erzählt eure Ideen.*
3. *Malt zu euren Einfällen ein Bild.*
4. *Spielt eure Geschichte in einem Theaterstück zur Musik.*
   Dabei könnt ihr auch die Bäume mit dem Körper darstellen.

Sofia Gubaidulina wurde 1931 in Russland in der Tatarischen Republik geboren und lebte lange als Komponistin in Moskau. Seit 1992 wohnt sie in Deutschland. Sie komponiert vor allem Programm-Musik, also Musik, die etwas Bestimmtes mit Klängen beschreibt.

Kinder aus dritten und vierten Klassen sahen beim Hören des Klavierstückes einen geheimnisvollen Wald vor sich, in dem sich Bäume im Wind wiegen. Vögel zwitschern, ein Hase hoppelt, ein Bär erscheint und verschwindet wieder. II/14–16

Das Waldhaus

(mit Begleitmusik)

Wir liegen im Waldhaus in tiefer Nacht.
Da naht ein Trappeln.
Erwacht! Erwacht!

Vorm Fenster stehen die Wölfe
und heulen, alle zwölfe.

Noch zwanzig kommen dazu
und helfen heulen. Hu!

Jetzt sind es zweiunddreißig.
Wir zittern und bibbern fleißig.

Nun bringen wir denen das Bibbern bei.
Wir brüllen wie Löwen – eins, zwei, drei!

Die Wölfe flieh'n in die Ferne.
Weg sind sie. Das haben wir gerne.

Im Waldhaus ist es wieder still.
Nur der Wind pfeift noch, bald leis, bald schrill.

Josef Guggenmos

1. Die Begleitmusik zu dem Gedicht könnt ihr euch selber ausdenken. Verwendet dazu eure Stimmen, Instrumente und Gegenstände.

Do Re Mi – Kikeriki II/17–18

Melodie: Frank Oberpichler
Text: Rale Oberpichler

Caruso singt und die Hennen Doris, Henni und Prillan bewundern ihn.

»Do, re, mi« sind in Italien und Frankreich Tonnamen, die unserem »c, d, e« entsprechen.
Der Hahn hat seinen Namen von dem Italiener Enrico Caruso, der vor ca. 100 Jahren ein sehr berühmter Opernsänger war.

1. *Singt das Lied.*
   Wer Lust hat, kann Caruso alleine darstellen und sich dabei von ein paar »Fans« bewundern lassen.

Enrico Caruso

Findus hält Carusos Geschrei nicht aus und schlägt Gegenlärm.

Findus lernt Singen

II/19

»Jetzt den Anfang von ›Alle meine Entchen‹ rauf und runter summen. Aber nicht gackern wie die Hühner!«

(Die Reihe in Halbtonschritten nach oben fortsetzen)

»Und jetzt das Gleiche wie beim Treckerfahren.
Lasst die Lippen wackeln!«

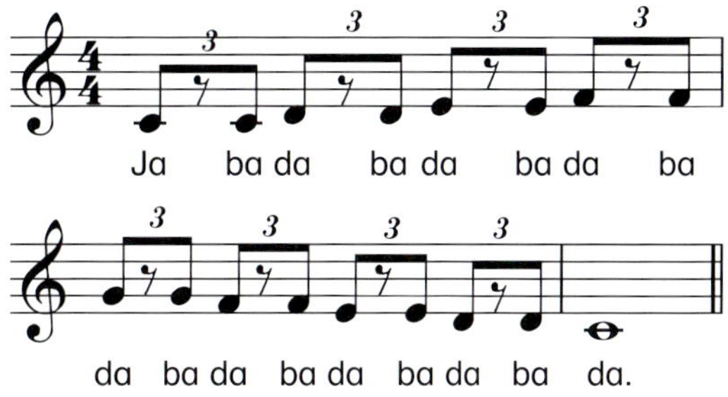

(Die Reihe in Halbtonschritten nach oben fortsetzen)

Der Hummelflug II/20

Dieses Stück für Cello und Orchester stammt aus der Oper »Das Märchen vom Zaren Saltan« von dem russischen Komponisten Nikolai Rimsky-Korsakow.

Das Märchen handelt von dem Zarensohn Gvidon, der mit seiner Mutter auf einer einsamen Insel lebt. Deren Schwestern hatten sie dorthin verbannt, noch bevor Zar Saltan, der Vater Gvidons, seinen Sohn je gesehen hatte.
Ein weißer Schwan verzaubert Gvidon in eine Hummel, denn so kann er unentdeckt auf einem Schiff zu seinem Vater reisen.
Das Musikstück »Der Hummelflug« beschreibt diese Reise.
Am Ende findet der Zar zu seinem Sohn und seiner Frau. Der weiße Schwan entpuppt sich als verzauberte Zarentochter und heiratet Gvidon.

Ihren Namen hat die Hummel aufgrund ihres typischen Summ-Geräusches.
Im Englischen heißt sie »Bumble Bee«, das bedeutet »tönende Biene«.
Bei den Griechen heißt sie »Bombylius«, das bedeutet »murmeln«.

1. Gestaltet mit eurer Stimme das Summen der Hummel. Zeichnet mit dem Finger ihren Flug nach.

2. Hört euch den »Hummelflug« für Cello und Gesang an. II/21

Das Haus der Instrumente

Nur wenige Instrumente können von sehr tiefen bis zu hohen Tönen spielen.
Zu ihnen gehört das Klavier. Die meisten Instrumente spielen nur in einem »Stockwerk« des gesamten Tonumfangs, der von sehr tief bis zu sehr hoch reicht.

2. *Hört euch an, wie die abgebildeten Instrumente klingen, wenn sie den »Hummelflug« spielen.*
II/22–28
Beschreibt die musikalischen Veränderungen, die in einigen Einspielungen vorgenommen wurden.

Kookaburra II/29

Melodie und Text: mündlich überliefert
aus Australien
deutscher Text: BK

»Die Vögel sind die größten Musiker, die es auf diesem Planeten gibt«, sagte der französische Komponist Olivier Messiaen.

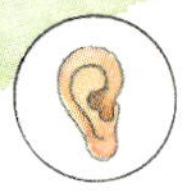

1. *Hört euch die Ausschnitte an, in denen er die abgebildeten Vögel musikalisch beschreibt.* II/30–33

So funktioniert ein Kanon:

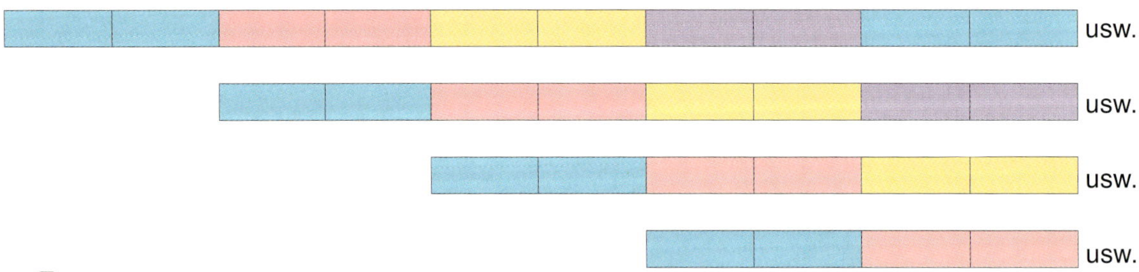

2. *Singt das Lied im Kanon.*

Kanon tanzen

(beim 2. Mal vier Schritte zurück)

3. *Tanzt im Kanon.*
   Stellt euch in vier Reihen oder Gruppen auf, sodass ihr euch sehen könnt.

4. *Singt beim Tanzen!*

Melodie und Text:
Carmen Lavanchy
Satz: Wolfgang Junge

La vaquita loca – Das verrückte Kälbchen

II/34

Sinngemäße Übersetzung von »La vaquita loca«

Dieses verrückte Kälbchen
möchte Maisgries fressen.
Hör mal, verrücktes Kälbchen,
das steht dir gar nicht zu.
Friss lieber Klee, friss lieber Gras,
aber friss nicht den Maisgrieß.

Música andina – Musik aus den Anden

Das ist eine Schule in einem Dorf im Andenhochland.

Schüler dieser Schule spielen die Zampoñas, die Trommel und den Bombo.

Zampoñas Bombo

Chile ist 4 222 km lang! Vergleicht die Strecke mit Europa: durch ganz Schweden, Deutschland, Frankreich und Spanien.

Der wichtigste Tanz- und Begleitrhythmus in der Musik des Andenhochlandes ist der »Trote«. II/35

»Trote« bedeutet traben, was sich auch gut aus der Musik heraushören lässt.

(wird gespielt von Gitarren und Trommel)

(wird gespielt von der Pauke/dem Bombo)

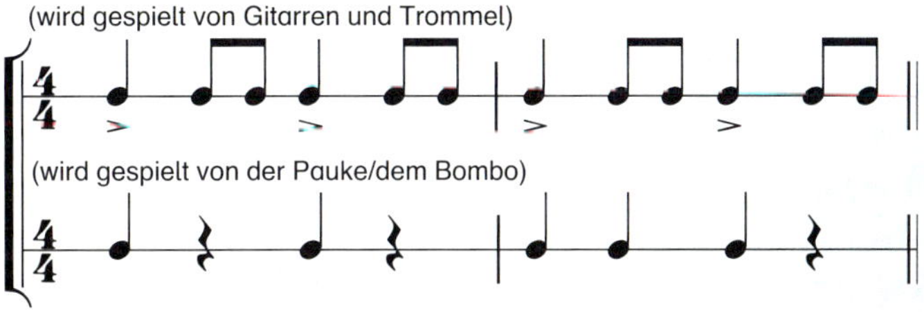

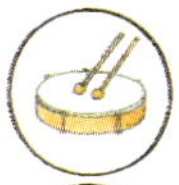

1. *Singt das Lied »La vaquita loca« auf Spanisch und begleitet es mit dem Pauken/Bombo-Rhythmus.* II/36

2. *Spielt auch die anderen Begleitstimmen zum Lied.* II/37

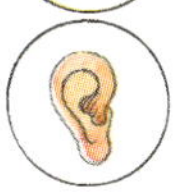

3. *Hört euch das Musikstück »El torito – der kleine Stier« an und spielt den Trote-Rhythmus mit.* II/38
4. *Das weltweit bekannteste Trote-Lied ist »El condor pasa«.* II/39

Ronja Räubertochter II/40

Dieser Tanz ist dem Film »Ronja Räubertochter« entnommen. Die Räuberbande mit ihrem Häuptling Mattis und seiner Tochter Ronja tanzen eines Abends bei guter Laune diesen deftigen Tanz. Dabei geht es über Tische und Bänke und ihren Gesang hört man durch die ganze Mattisburg!

Teil A

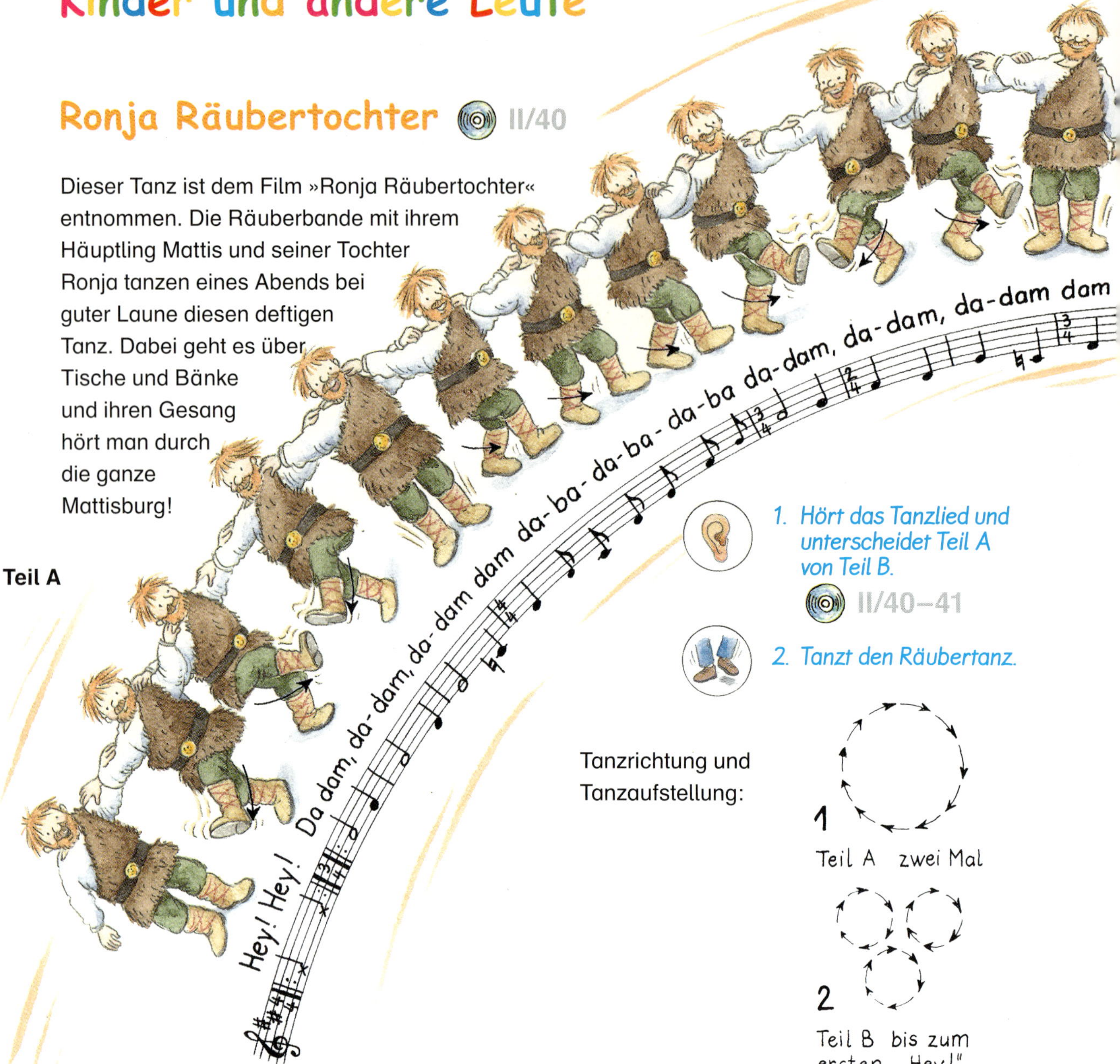

1. *Hört das Tanzlied und unterscheidet Teil A von Teil B.* II/40–41
2. *Tanzt den Räubertanz.*

Tanzrichtung und Tanzaufstellung:

Teil B

In dem Film »Ronja Räubertochter« wird die ›Titelmusik‹ von einem ›Räuberchor‹ gesungen. Die Räuber singen aber nicht nur die Melodie, sondern auch noch drei Begleitstimmen.
Dass das Lied keinen Text hat, stört sie nicht weiter.

1. *Hört euch den Chor an und singt selbst die Melodie mit.* II/42

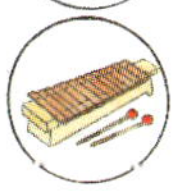

2. *Die Begleitstimmen der Räuber könnt ihr auf Instrumenten mitspielen.* II/43

Räuberchor II/43

Musik: Björn Isfält

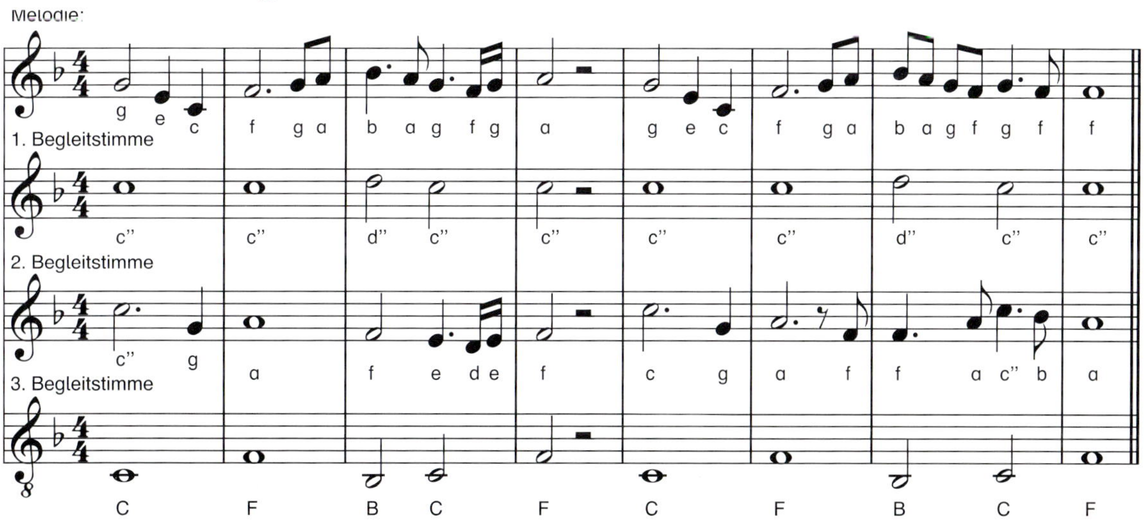

Lollipop

Lollipop? Was kann das sein?

1. Singt die Lollipop-Melodie mehrmals hintereinander und fügt am Ende durch Zuruf jeweils eine eurer Ideen ein.

Lollipop II/44

Melodie: Julius Dixon, Beverly Ross
T: Ralph Maria Siegel

2. Ihr könnt die Begleitstimmen dazu singen oder musizieren. II/45

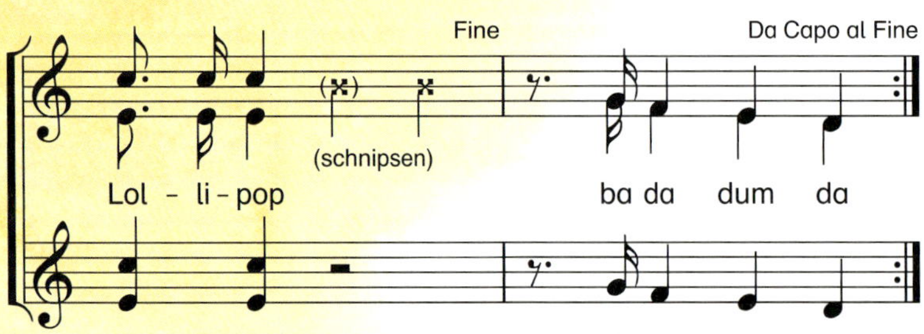

Das Lied Lollipop war in den USA 1958 ein großer Hit. Gesungen wurde es von der Gesangsgruppe »The Chordettes« (chord = engl. Akkord), die ein Vorbild für viele Gesangsgruppen darstellte.

Eigene Werbelieder erfinden

Die Lollipop-Melodie eignet sich gut für ein Werbelied, weil sie kurz und bekannt ist, sodass man sie sich gut merken kann.

Zwei Beispiele aus der Werbung sollen zeigen, wie aus einer bekannten Melodie ein Werbelied gemacht wird.

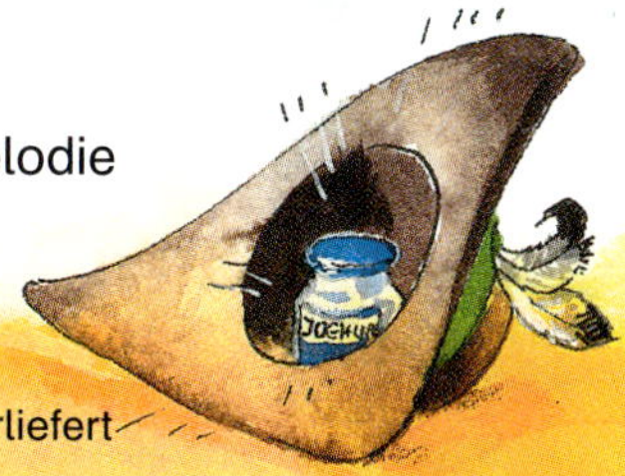

A

mündlich überliefert

Der Jog - hurt mit der E - cke, der E - cke mit was drin. ___

Original: Mein Hut, der hat drei E - cken, drei E - cken hat mein Hut. ___

B II/46

Melodie: mündlich überliefert
Text: Marian Szymczyk/Micha Meyer

Es ist Fri - sche im Fäss - chen, mit Al - met - te, Al - met - te,

Original: Ein ___ Loch ist im Ei - mer, Karl - Ot - to, Karl - Ot - to,

Ge - schmack ist im Fäss - chen, Frisch - kä - se im Fass.

ein Loch ist im Ei - mer, Karl - Ot - to, ein Loch.

1. *Was haben die Werbefachleute verändert und was haben sie gelassen?*
2. *Verändert selbst die Texte von bekannten Melodien.*

Beispiel:

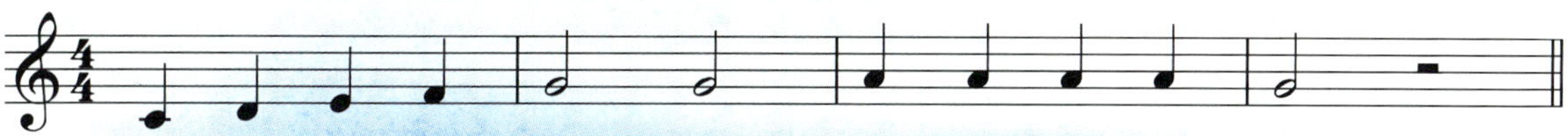

Al - le mei - ne Äp - fel schme - cken wirk - lich gut!

Original: Al - le mei - ne Ent - chen schwim - men auf dem See.

Das klinget so herrlich – Die Zauberflöte

Es war einmal ein Prinz mit Namen Tamino. Eines Tages gerät er in das Reich der ›Königin der Nacht‹. Dort begegnet er einem lustigen Kerl: Papageno, dem Vogelfänger der Königin. Papageno ist ein Mensch im Vogelkleid, und er trägt einen Vogelkäfig auf dem Rücken.
Tamino erfährt, dass Pamina, die Tochter der Königin, vom Herrscher Sarastro geraubt worden ist. Er sieht ein Bild von Pamina und verliebt sich sogleich in sie. Tamino will Pamina retten, und natürlich ist auch Papageno mit von der Partie. Die Königin gibt ihnen zum Schutz eine Zauberflöte und ein Zauberglockenspiel mit auf den Weg.
Kurz vor Sarastros Palast verlieren sich Tamino und Papageno aus den Augen. Papageno versucht nun alleine sein Glück, und es gelingt ihm, Pamina zu finden. Sie wollen fliehen. Doch der Wächter Monostatos versperrt ihnen den Weg. Gerade befiehlt er seinen Sklaven, die beiden zu fesseln, als plötzlich eine Melodie erklingt. Da beginnen die Bösewichter augenblicklich zu tanzen, und sie singen dieses Lied:

Die »Zaubermelodie« II/47

Musik: Wolfgang Amadeus Mozart
Text: Emanuel Schikaneder

Papageno hatte sie mit seinem Glockenspiel verzaubert!
Singend und tanzend entfernten sich die Bösewichter. Pamina und Papageno waren frei!
Bald gesellte sich auch Tamino zu ihnen. Nach weiteren Abenteuern fanden alle ihr Glück. Pamina und Tamino konnten heiraten, und auch Papageno bekam eine Frau: seine ›Papagena‹.

Diese Geschichte stammt aus der »Zauberflöte«, der berühmtesten Oper von Wolfgang Amadeus Mozart. Sie war von Beginn an beim Publikum sehr beliebt.

Die Deutsche Post hat zur »Zauberflöte« sogar eine Sonderbriefmarke herausgebracht.

1. *Was könnt ihr darauf erkennen? Was kommt euch bekannt vor?*

2. *Singt die »Zaubermelodie« Papagenos. Ihr könnt sie auch zweistimmig singen oder auf Instrumenten spielen.*

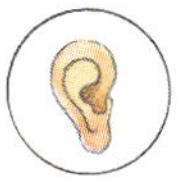
3. *Hört euch an, wie die Verzauberungsmelodie in der Oper klingt.* II/48

4. *Spielt das Geschehen zur Musik mit, ohne selbst zu singen.*

Dazu braucht ihr einen Monostatos, viele Sklaven, Pamina und Papageno. Zuerst umringen Monostatos und die Sklaven die beiden mit bedrohlichen Schritten und bösen Gesichtern, während Pamina und Papageno ängstlich sind. Dann spielt Papageno auf seinem Glockenspiel und schon ändern sich alle Bewegungen: Die Sklaven und Monostatos fangen an zu hüpfen und zu tanzen. Dabei entfernen sie sich. Pamina und Papageno werden wieder fröhlich und zuversichtlich.

Das Lied der Deutschen II/49

Melodie: Joseph Haydn
Text: Heinrich Hoffmann von Fallersleben

Alle Staaten der Erde haben ein Lied, das bei besonderen Anlässen gesungen oder gespielt wird. Ein solches Lied nennt man Nationalhymne.

1. *Bei welchen Gelegenheiten habt ihr schon Nationalhymnen gehört?*
2. *Kennt ihr Nationalhymnen anderer Länder und könnt ihr sie vorsingen?*
3. *Hört euch die Anfänge der Hymnen von Frankreich, Großbritannien, Japan und den USA an.* II/50

Joseph Haydn

Die Melodie vom »Lied der Deutschen« ist schon sehr alt. Joseph Haydn komponierte sie 1796 als österreichisches Kaiserlied. Geboren wurde Haydn 1733 in Österreich. Mit sechs Jahren gab ihn sein Vater zu einem Schulrektor, der ihm das Singen, sowie das Spielen auf dem Klavier und der Geige beibrachte. Später sagte Haydn über diese Zeit, dass er dort mehr Prügel als zu essen bekommen hatte. Mit sieben Jahren nahm ihn der Dirigent von Reutter mit und bildete ihn weiter in Musik aus. Mit 28 Jahren bekam er eine feste Anstellung am Fürstenhof Esterhazy. Er musste dort sehr viel komponieren, dirigieren und musizieren. Bis zum Tod des Fürsten 1790 blieb Haydn dort. Von da ab wohnte er in Wien, reiste mehrmals nach England und verdiente nun viel Geld mit seiner Musik. Er starb 1809.

Joseph Haydn hat die Melodie des »Kaiserliedes« in einem Streichquartett verwendet.

1. *Schaut euch an, welche Instrumente in einem Streichquartett zusammen spielen.*

2. Geige Bratsche Cello 1. Geige

2. *Hört euch die Musik des Streichquartetts an und vergleicht sie mit der Einspielung der deutschen Nationalhymne.* II/51
Beschreibt die klanglichen Unterschiede.

3. *Ihr könnt selbst zwei Stimmen aus dem Streichquartett auf Instrumenten spielen. Singt »Das Lied der Deutschen« und spielt dazu die Begleitung.* II/52

Zur Begleitung

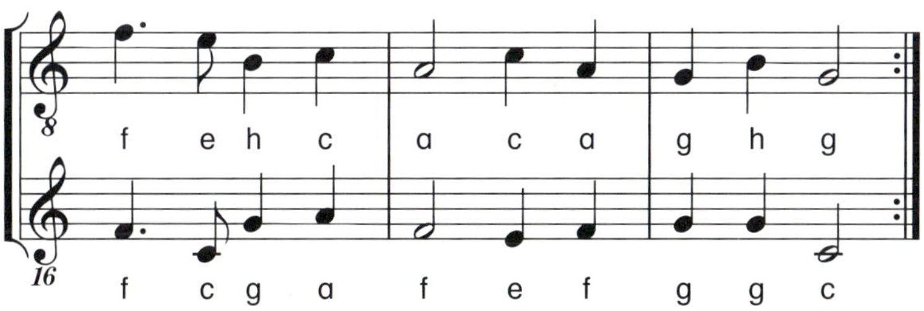

Zur Erleichterung des Notenlesens stehen unter den Noten die Notennamen.
Ob ein Ton höher oder tiefer als der vorhergehende liegt, könnt ihr selbst an der Lage der Noten erkennen.

Manamana – Ein Rondo

Bei einem Rondo gibt es einen Musikteil, der immer wiederkehrt:
Dies ist der Refrain (A-Teil).
Dazwischen erklingen neue Musikteile, die jedesmal anders klingen.
Zur Bezeichnung der einzelnen Teile verwendet man die Buchstaben des Alphabets.

?

1. Schaut euch die Kette an.
Welcher Buchstabe wird für den Refrain verwendet?

Das Rondo »Manamana« stammt aus der »Sesamstraße«. Das »Manamana« wird im Refrain immer wieder gleich gesungen. In den anderen Teilen singt der Sänger auf eine sehr lustige Art immer etwas Neues.

Manamana

II/53

Melodie: Piero Umiliani
Text: Fred Oldörp

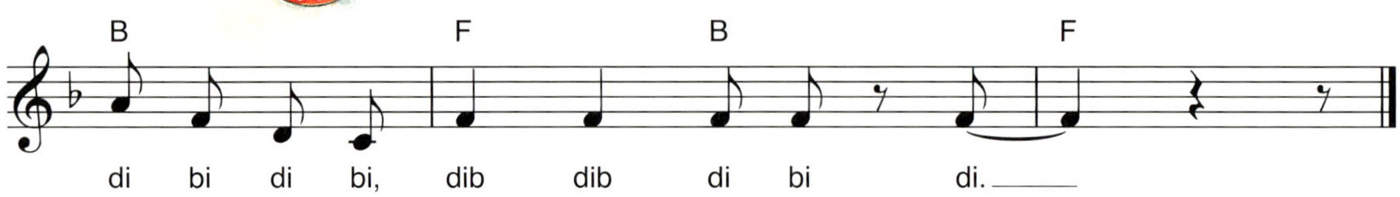

Das Rondo-Spiel mit »Manamana«
Alle stehen im Außenkreis und singen »Manamana« als A-Teil (Refrain). Im Innenkreis liegen beliebig viele Papierkreise oder Teppichfliesen mit Buchstaben in der Reihenfolge des Alphabets, beginnend mit dem Buchstaben B. Während des Singens des A-Teils wird ein kleiner Ball herum gegeben. Wer diesen Ball am Ende des A-Teils in den Händen hält, stellt sich auf den Papierkreis mit dem Buchstaben B. Nun macht dieses Kind irgend etwas mit seiner Stimme. Was und wie lang, entscheidet es selbst. Dann geht es zurück in den Außenkreis, der A-Teil wird von Neuem gesungen und der Ball wird wieder herum gegeben. Das nächste Kind stellt sich auf den Kreis mit dem Buchstaben C und macht irgend etwas anderes mit seiner Stimme. Es darf ruhig verrückt klingen! Es kann aber auch ein kleines Liedchen sein. Das Spiel endet, wenn alle Buchstaben im Innenkreis bedient wurden und zum Abschluss der A-Teil noch einmal gesungen wurde.

Rhythmus-Rondo III/1
Einigt euch für den A-Teil auf einen Rhythmus.
Bei den anderen Teilen denkt sich jeweils ein Kind einen anderen Rhythmus aus.

Beispiel

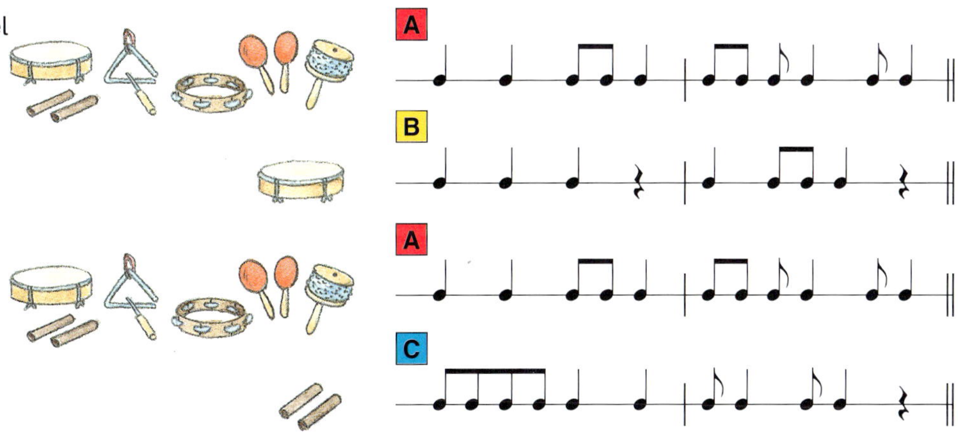

Hört euch zwei Ausschnitte des Rondos an. III/2–3

Seifenblasen

III/4–5

Musik und Text: Georg Feils

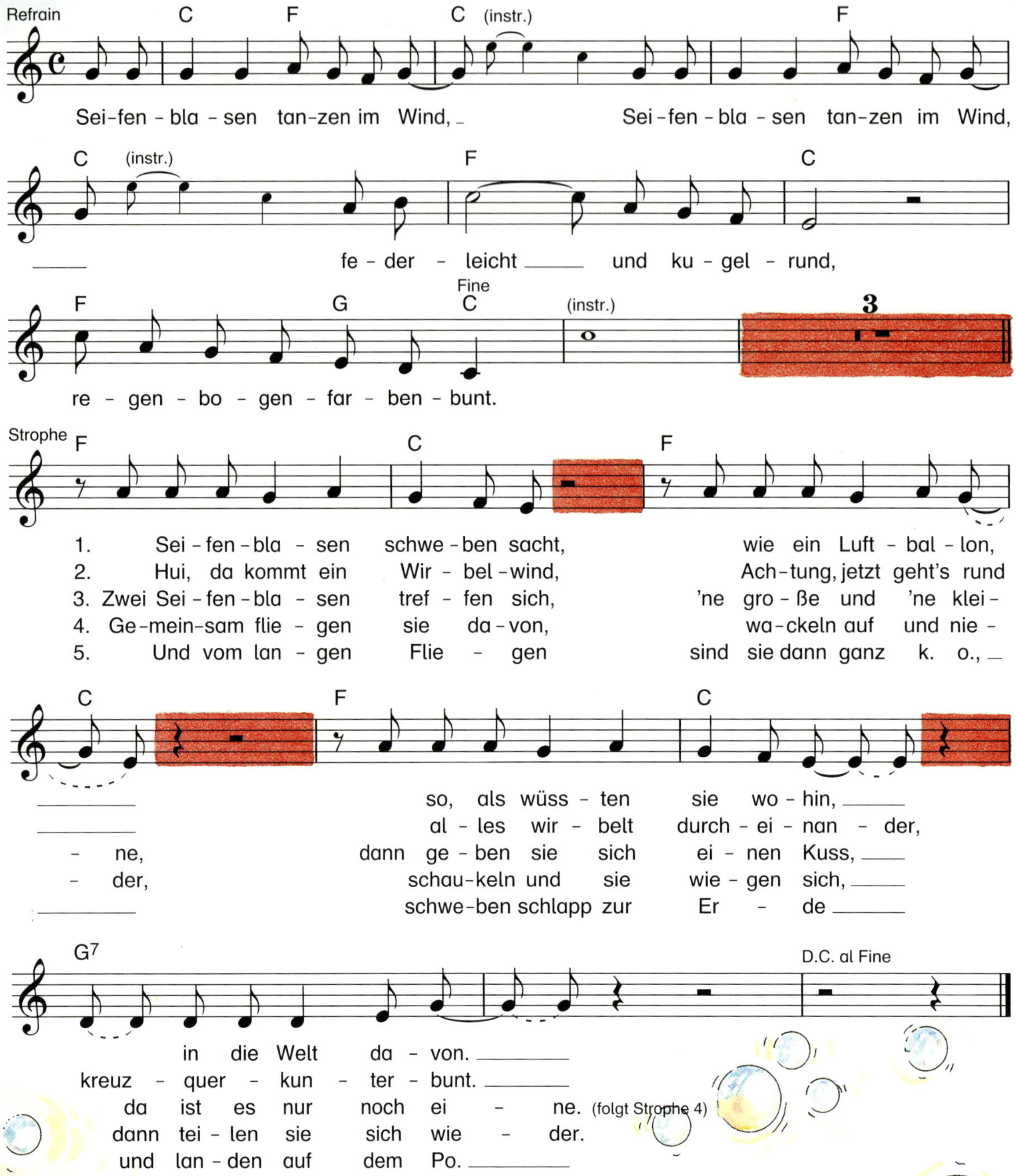

1. *Lasst die Seifenblasen erklingen.*
   Verwendet dazu eure Stimme oder das Glockenspiel.
2. *Denkt euch für jede farbig gekennzeichnete Stelle im Lied passende Seifenblasenklänge aus.*
   Wie klingen die Seifenblasen, wenn sie schweben, wenn sie herumwirbeln, wenn sie sich treffen und wenn sie auf dem Po landen?

Seifenblasen-Spiele mit der Stimme

1. Atmet tief ein und blast langsam Seifenblasen. Blast in einem Atemzug und lasst die Bällchen fliegen. Atmet nochmal tief ein und erzeugt die Seifenblasen durch mehrere kleine Atemstöße.

2. Jemand bläst Seifenblasen. Die anderen atmen tief ein und begleiten das Herabgleiten der Seifenblasen mit der Stimme. Beginnt dabei mit einem ganz hohen Ton und lasst ihn heruntergleiten. So erzeugt ihr ein Glissando. Singt in einem Atemzug auf den Lauten »s«, »f« und »sch«.

3. Es werden neue Bällchen geblasen. Jeder sucht sich ein Bällchen aus und verfolgt es mit den Augen. Wenn euer Bällchen platzt, sprecht ihr »blibb, blubb, blabb.«

4. Wieder werden Bällchen geblasen. Jeder sucht sich ein Bällchen aus und verfolgt es diesmal mit einem klingenden Ton. Wählt dazu vorher einen beliebigen Ton aus, den ihr gerne singen wollt. Je mehr Bällchen zur gleichen Zeit fliegen, desto mehr verschiedene Töne erklingen. So erzeugt ihr einen Schichtklang.

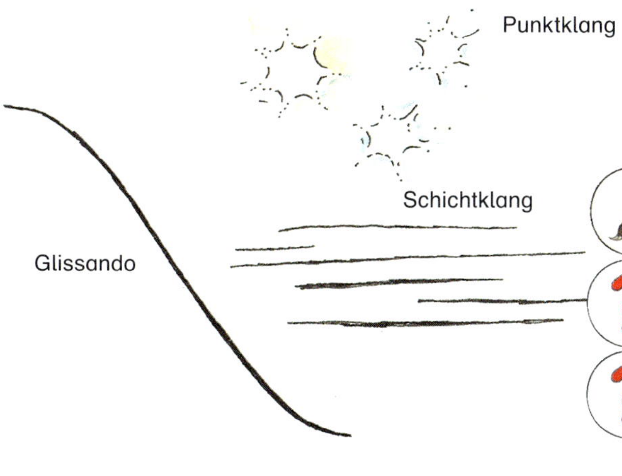

1. Malt eure verschiedenen Töne, die zu den Seifenblasen erklingen.
2. Welches Zeichen passt zu welchem Stimmspiel?
3. Hört die Stimme und ordnet die Zeichen zu.

III/6

Schnurpsenmusik

Schnurpse sind Kinder, von denen im Schnurpsenbuch berichtet wird. Sie lachen, turnen, spielen gerne und sie sind sehr musikalisch!

Das Schnurpsenkonzert

Das Stöckchen schwingt der Karlimann,
er macht den Taktigenten.
Wir fangen das Konzeter an
auf allen Unstrimenten:

Der Joseph oselt auf dem Schnorch,
der Maxl bauzt die Bumse,
der lange Alexander, horch! –
er schrappt die große Schrumse!

Der Höllenlärm geht ins Gedärm!
Die Kreische kratzt Sabine.
Die Mia zizzelt ganz erbärm-
lich auf der Winseline.

Es nödelt auf der Föhl herum
der Franz, jedoch der Micha,
der pingelt das Brimborium.
Kai wibbert auf der Kicher.

Auf seiner Pupe autscht der Hans
gar schauerlich, der Schlingel.
Klein-Lieschen aber zickelt ganz
versunken auf der Zingel.

Und auf der Schnarre tattert Jan,
die Quengel zipft die Grete.
Am Lautsten kann's Sebastian:
Er quackelt auf der Tete!

Für uns ist das ein Ohrenschmaus,
weil die Musik der Ton macht,
doch wer uns hört, der nimmt Reißaus,
wer dableibt, fällt in Ohnmacht.

Michael Ende

1. Lest das Gedicht.
Wie könnten die vier abgebildeten Schnurpse heißen?

2. Malt Schnurpseninstrumente.
Hier seht ihr zwei Instrumente, die sich Grundschulkinder ausgedacht und aufgemalt haben.

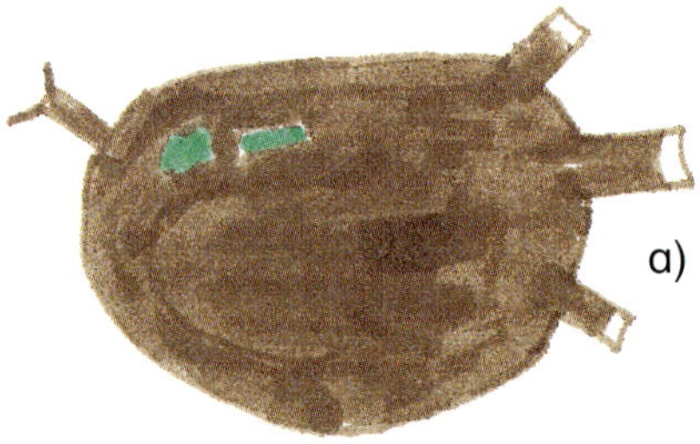

a) eine Pupe autschen: den grünen Knopf drücken und hineinblasen

b) eine Föhl nödeln: zupfen und hineinblasen

3. Bringt verschiedene Materialien aus der Küche, der Werkstatt oder dem Spielzimmer mit und baut damit Schnurpsen-Instrumente.

4. Vertont das Gedicht »Das Schnurpsenkonzert«.

Beispiel eines Viertklässlers: Ein Brimborium

Klangsprache

© Disney

1. Sprecht den Comic in verteilten Rollen: »Daisy« und »die Geräusche«. III/7
2. Sammelt aus eigenen Comics Klangwörter.
   Bringt die Wörter in eine Reihenfolge, die eine Geschichte ergibt.
   Tragt sie mit ausdrucksvoller Stimme vor.
   Erkennen die anderen die Geschichte?

Stripsody III/8

In dem Musikstück »Stripsody« singt eine Frau alleine. Die »Noten« bestehen aus Comic-Zeichnungen und Klangwörtern. Drei Linien zeigen, ob hoch, mittel oder tief gesungen werden soll (siehe Abbildung).

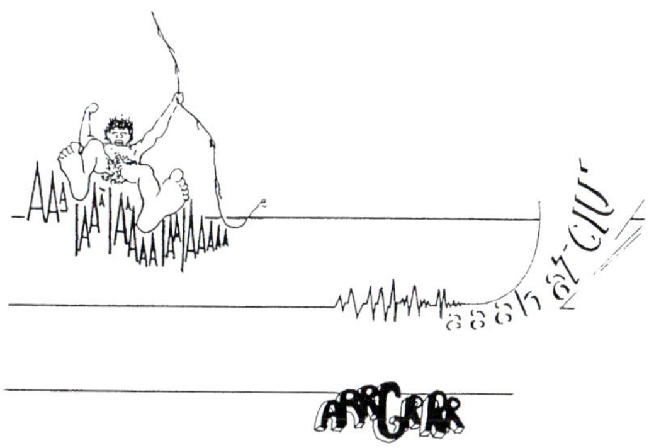

1. Hört das Stück und gebt ein Zeichen, wenn ihr diese Geräusche hört:
   Niesen – Katze und Hund – Uhrenticken – Kuss – Schießerei – Schnarchen.

Tanzen

Der Tanz der kleinen Schwäne

Odette

Dieser Tanz ist Teil des Ballettes »Schwanensee«, das der russische Komponist Peter Tschaikowsky komponiert hat.
Darin geht es um verzauberte Schwäne, die nur zwischen Mitternacht und Morgengrauen menschliche Gestalt annehmen. Verzaubert wurden sie von dem bösen Rotbart. Ein Prinz mit Namen Siegfried sieht eines Nachts die Schwäne am Schwanensee. 32 Schwäne tanzen, mal zu zweit, mal zu dritt, mal zu acht.
Einer dieser Tänze ist der »Tanz der kleinen Schwäne«, der zu viert getanzt wird.
Prinz Siegfried verliebt sich in die Schwanenkönigin Odette, doch Rotbart will mit allen Mitteln diese Liebe verhindern. Deshalb müssen die beiden noch allerlei Hindernisse überwinden. Doch am Ende siegt die Liebe und die Macht des Zauberers bricht, sodass alle Schwäne erlöst werden.

Arbeitet in freiwilligen Gruppen.
Ein Teil der Klasse schreibt eine Geschichte, ein anderer Teil spielt das »Schwanenthema« auf Instrumenten und eine dritte Gruppe tanzt den »Tanz der kleinen Schwäne«.

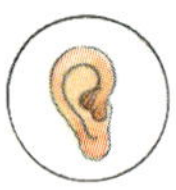

1. *Hört euch das »Schwanenthema« an. Es steht für die verzauberten Schwäne. Die Musik beschreibt, wie sich die Schwäne fühlen.* III/9
   Schreibt darüber eine Geschichte.

Das Schwanenthema

(Originaltonart: h-Moll)

2. *Spielt den Anfang des »Schwanenthemas« auf Stabspielen und Tasteninstrumenten.* III/10

Ballett

In einem Ballett wird nicht gesprochen und gesungen, sondern nur getanzt.
Die Musik wird von einem Orchester gespielt.
Die Tänzerinnen und Tänzer machen sehr graziöse Bewegungen.
Ihr Körper ist durchgestreckt und sie tanzen oft auf Zehenspitzen.
Die Tänzerinnen tragen dafür Spitzenschuhe. Ihr Röckchen besteht aus mehreren Tüllschichten und heißt Tutu (»Tütü« auf französisch gesprochen).

Die vier kleinen Schwäne

Hüpfen am Platz (Foto):	Köpfe nach vorne
Hüpfen nach links:	Körper bleibt nach vorne gerichtet, Köpfe nach links gewendet
Hüpfen nach rechts:	Körper bleibt nach vorne gerichtet, Köpfe nach rechts gewendet

Die vier kleinen Schwäne hüpfen angefasst nach links und rechts und drehen dabei die Köpfe immer in die gleiche Richtung. III/11

3. Versucht in ähnlicher Form einen eigenen »Tanz der kleinen Schwäne« zu tanzen. Fasst euch zu viert an und bewegt euch passend zur Musik in verschiedene Richtungen, wobei sich eure Köpfe hin- und herdrehen. Dabei tanzen alle vier genau gleich.

Der Ketchup-Song III/12–13

Im Sommer 2002 tanzte man in ganz Europa den Ketchup-Song-Tanz.
Im Refraintext erklingt eine der berühmtesten amerikanischen Hip-Hop-Zeilen im Spanischen.

1. Hört euch den Beginn des Hip-Hop-Stückes »Rappers Delight« an und vergleicht die Texte. III/14

Die Bewegungen, die im Refrain gemacht wurden, sieht man in dem Musikvideo der drei Frauen von »Las Ketchup«, die das Lied singen und tanzen.
Während man den Refrain nachtanzen kann, muss man sich für die anderen Liedteile selbst etwas ausdenken. In der Vorbereitung sollte man sich zuerst einmal über die verschiedenen Liedteile, die Anzahl der Takte pro Liedteil und den Ablauf der Liedteile klar sein.

2. Hört den Ketchup-Song und lest den Ablauf der Liedteile mit.

Ablauf: Intro (8 Takte) – 1. Strophe (20 Takte) – Refrain (19 Takte) –
Intro (6 Takte) – 2. Strophe (20 Takte) – Refrain (19 Takte) –
Zwischenteil (16 Takte) – Refrain (19 Takte) zweimal

Die Bewegungen im Refrain III/15

Takt 1–3

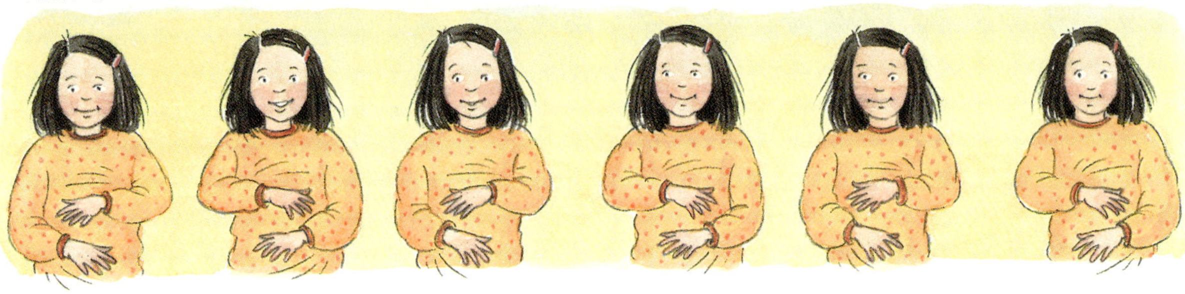

Die Unterarme werden vor dem Körper überkreuz hin und her bewegt, die Handflächen bewegen sich wechselseitig übereinander.

Takt 4

Rechter Unterarm kickt hoch, Daumen über die Schulter

Linker Unterarm kickt hoch, Daumen über die Schulter

Takt 5

Arme nach oben strecken, mit den Händen wackeln

Takt 6

3x

Einen Handrücken an die Stirn, den anderen an den Hinterkopf.
Die Knie rasch aneinander schlagen.

Tanzteile selbst gestalten

3. Denkt euch selbst Tanzbewegungen aus und tanzt den Ketchup-Song-Tanz.

Kinder aus dritten und vierten Schulklassen probierten viele Tanzschritte und Bewegungen aus und entwickelten diese Ideen:

Intro III/16

Vor-Tap-Rück-Tap (in Halben)

1. Strophe III/17

Teil A
Takt 1–4 | Takt 5–8 | Teil B III/18 Takt 9–16 | Takt 17–20

Hüftdrehen | anders herum | Arme zur Seite bewegen (in Halben) | Arme nach oben bewegen und schwenken

2. Strophe

Teil A (Teil B wie 1. Strophe)

Armrollen – Unterarm hochkicken (in Halben), dabei Seit-Tap (in Halben)

Zwischenteil III/19

Chassée (in Vierteln): rechts seit – links ran – rechts seit – links ran – linker Arm vor – rechter Arm seit.

Darauf anders herum

Sambalélé – ein Tanzlied aus Brasilien

Melodie und Text:
mündlich überliefert
deutscher Text: Pit Budde

III/20–21

Sambalélé ist ein sehr bekanntes altes Samba-Lied, zu dem die brasilianischen Kinder singen und tanzen.

2. »Ach du mein hübsches Mädchen,
sag mir, kann ich dich wiedersehen?«
»Ich wohn' dort an dem schönen Strand,
da können wir spazieren gehen.«

2. »Oh mulatas bonitas
Onde que você mora?«
»Moro na praia formosa
Onde dalí nunca saio.«

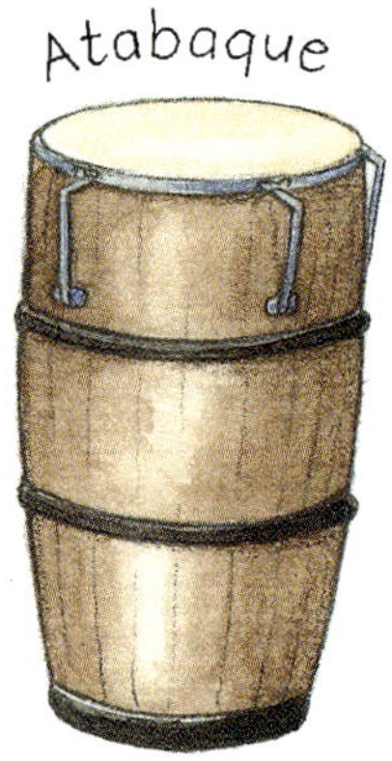

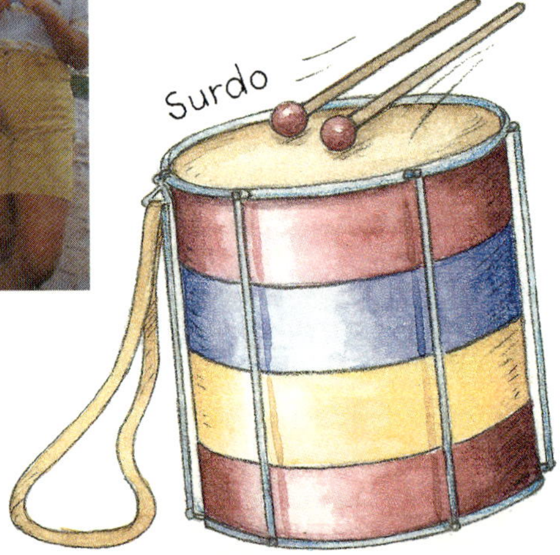

Samba tanzen

Der Umzug der Sambaschulen

In vielen Städten Brasiliens gibt es Samba-Schulen, in denen Kinder kostenlos Unterricht im Musizieren, Singen und Tanzen bekommen.
Diese Samba-Schulen gestalten den Höhepunkt des brasilianischen Karnevals: die Samba-Parade der Samba-Schulen.
Das ganze Jahr über bereiten sich Kinder und Erwachsene auf ihren großen Auftritt vor. Tänze und Lieder werden geübt, Kostüme und Umzugswagen werden gestaltet.
Der Umzug ist gleichzeitig ein Wettkampf der Samba-Schulen.
Der Gewinner bekommt Geld von der Regierung für einen noch besseren Auftritt im nächsten Jahr.

Tanzt die Samba und spielt die Rhythmen zum Lied.

III/22

Samba-Rhythmen selbst spielen

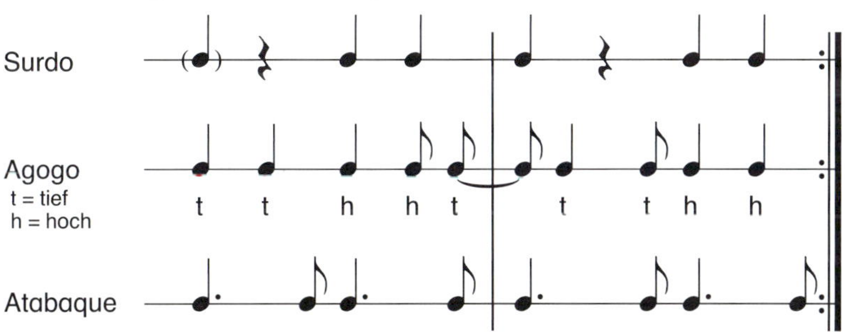

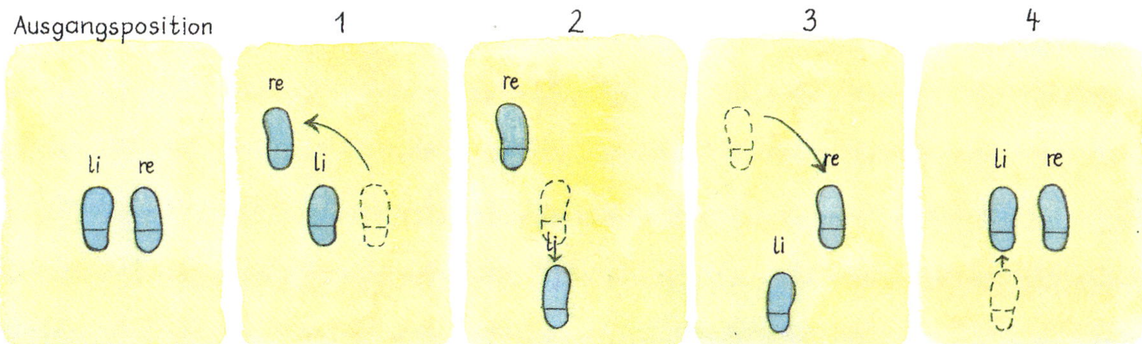

Musik und Tanz bei den Indianern

Für die Indianer hatte alles Leben seinen Platz im Kreislauf der Natur. Mit Musik und Tanz nahmen sie Kontakt auf zu den Geistern und den Kräften der Natur. So wurde z. B. vor Beginn einer Jagd musiziert und getanzt, um sich mit den Tieren, die man jagen wollte, zu versöhnen und das Jagdglück herauf zu beschwören.

Hört euch den »Fishing Song« an. III/23
Darin wird der Fisch gepriesen und es wird um Erlaubnis gebeten, ihn fangen zu dürfen.

In der alten indianischen Musik gibt es einige Grundregeln:
- Die Begleitinstrumente sind Trommeln und Rasseln.
  Sie spielen meistens durchgehende Schläge.
  Trommeln werden immer mit einem Schlägel und nie mit den Händen gespielt.
- Die Melodie wird gesungen oder (meistens ohne Begleitinstrumente) von der Flöte gespielt.

Hört euch die indianische Flötenmelodie an. III/24

- Indianer singen viel mehr Tonstufen als wir.
- Die Melodie steht oft in einer anderen Taktart als die Begleitinstrumente. III/25

Um die vielen alten Bräuche, Lieder und Tänze in Erinnerung zu behalten, finden in vielen Indianergebieten regelmäßig so genannte Powwows statt. Dort treffen sich Indianer verschiedener Stämme und halten Tanzwettbewerbe ab. Gute Tänzer genießen ein hohes Ansehen und verdienen sich als Gewinner auch ein bisschen Geld.

Powwow des Oglala-Lakota-College, Kyle/South Dakota

Der Kaninchen-Tanz

Tanzaufstellung: paarweise hintereinander in einer Reihe stehen
Mit dem inneren Arm in die Hüfte fassen, der äußere Arm hängt lose herab.

Schritt 1: auf dem linken Fuß vorwärts springen.
Schritt 2: zurücktreten auf dem rechten Fuß
Schritt 3: zurücktreten auf dem linken Fuß
Schritt 4: kleiner Schritt vorwärts auf den rechten Fuß.

Musikalische Begleitung

Die Trommel spielt 36 Schläge, langsam lauter werdend. Der 36. Schlag wird betont.
Dann folgen vier leise Schläge. Dann kommen wieder 36 Schläge usw.
Das Ende des Tanzes bestimmt der Trommler.

Zu den immer lauter werdenden Trommelschlägen werden 36 Tanzschritte ausgeführt.
Beim lauten 36. Schlag kauern sich alle nieder.
Zu den vier langsamen, leisen Schlägen bewegen sich die Tänzer in vier langsamen, gleitenden Schritten in der Hocke.

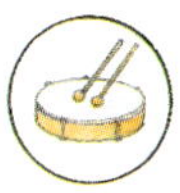

Spielt selbst die Begleitmusik.

Bim Bam Bom (Shney Haverim) III/26

Melodie und Text: Moshe Wilensky
Mitspielsatz und Tanzbeschreibung: Bettina Wallroth
deutscher Text: Mazal Weber/BK

Mitspiel-Satz zu »Bim Bam Bom« III/27

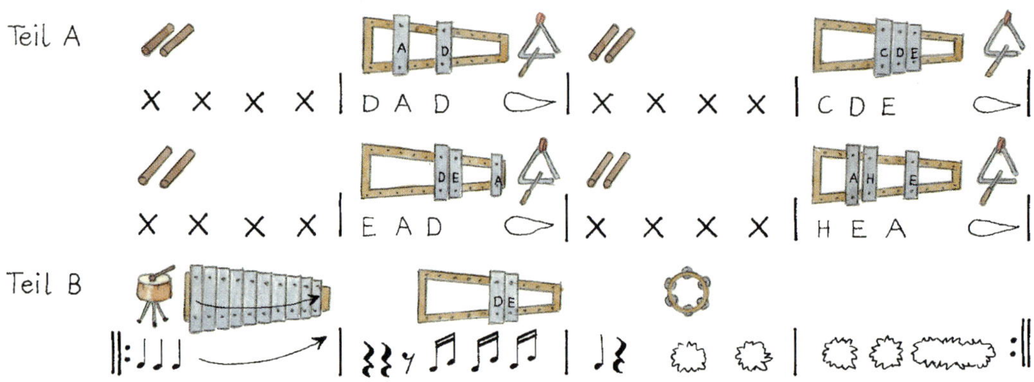

»Shney Haverim« heißt »Zwei Freunde«. Davon handelt das Lied, das Kindern in Israel sehr bekannt ist. Der israelische Tanzlehrer Yo'av Ashriel hat sich dazu einen Tanz ausgedacht.

Der Tanz von Yo'av Ashriel

Teil A

Takt 1 und Takt 2

Takt 3–4/5–6/7–8 wie Takt 1–2

Teil B

Takt 9

Takt 10

Takt 11 und 12

Schluss Teil B:
Es folgt die Wiederholung von Teil B

Es folgt der Tanz von vorn

Unterwegs

Kleine Dampfmaschine

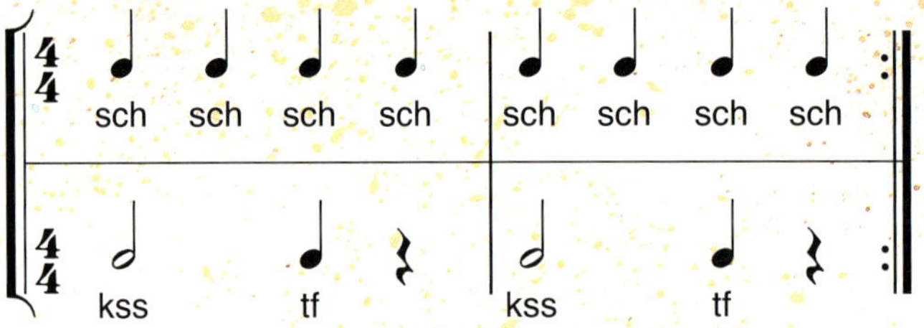

1. Sprecht die Geräusche der kleinen Dampfmaschine nach. Versucht es erst hintereinander und dann gleichzeitig.

2. Fallen euch noch mehr Maschinengeräusche ein?

Fahrstuhl fahren

In einem Hochhaus fährt der Fahrstuhl auf und ab.

1. >Fahrt< genauso mit eurer Stimme hinauf und hinunter. Benutzt auch andere Vokale.

2. Wie klingt es, wenn zwei >Fahrstühle< in entgegengesetzter Richtung fahren?

Auf der Achterbahn

1. Singt mit »bada«, »bidi«, »budu« eure Achterbahn
   In der Mitte gibt es einen Looping …
   oder zwei … oder mehr?
2. Wie viele Loopings könnt ihr singen,
   ohne Luft zu holen?

Summ – summ – summ

3. Summt wie Hummeln. Summt wie Bienen. Summt wie Fliegen. Summt wie Mücken. Erlebt ihr, wie verschieden sie summen?
4. Wie klingt es, wenn alle Insekten auf einmal summen?

Reisen in Frankreich

Zuerst einmal ins Café! Eine leckere Tasse heiße Schokolade genießen und Akkordeonmusik hören.
III/28

1. *Hört die Musik und spielt selbst eine Straßencafé-Szene. Ihr braucht dazu Passanten, Cafébesucher, die Bedienung und den Musiker.*

   Dann geht es in die Hauptstadt Paris! Zur Champs-Elysées, ihrer berühmtesten Einkaufsstraße.

2. *Hört den gleichnamigen Chanson aus dem Jahre 1969.* III/29
   Singt die Melodie und schnipst dazu.

Les Champs-Elysées III/30

Musik und Text: Mike Wilsh/Mike Deighan
franz. Text: Pierre Delanoe
dt. Textfassung: Hans Bradtke

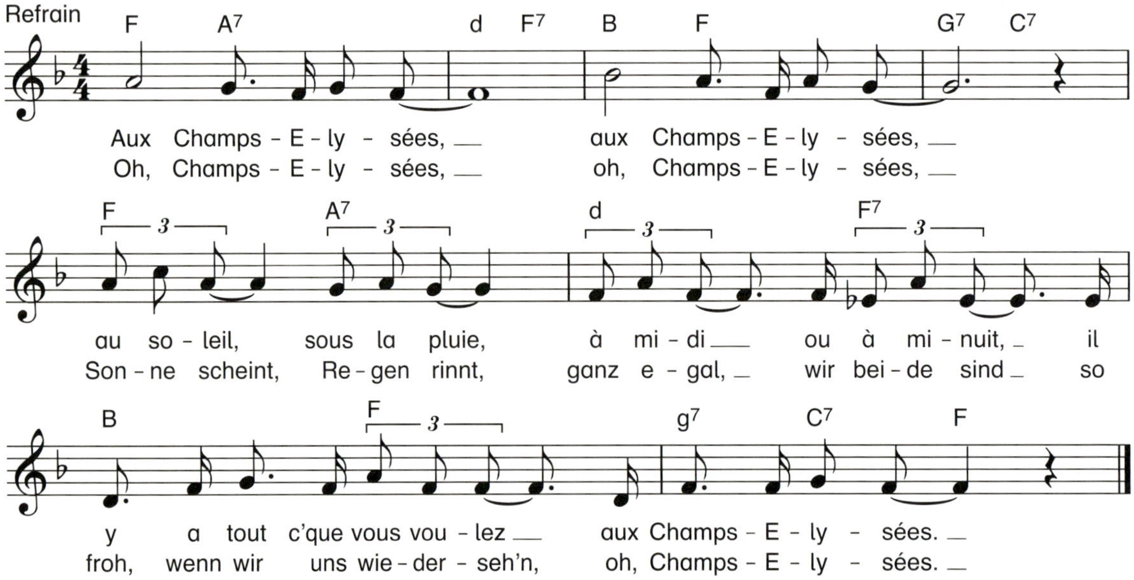

Schnipsen 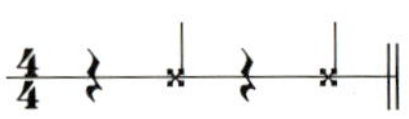

Ein Ausflug in die Nähe von Paris führt euch nach Versailles (gesprochen: wersaj), der prächtigen Schlossanlage des Sonnenkönigs Ludwig, dem Vierzehnten.
Er herrschte vor ca. 350 Jahren und war süchtig nach Ruhm wie kaum ein anderer. Sein Hofkomponist Jean-Baptiste Lully musste viele festliche Musiken für ihn schreiben.

3. Stellt euch vor, ihr gestaltet ein historisches, höfisches Fest. Beim Einmarsch des Hofstaates ertönt das »Rondeau pour La Gloire« (Rondo für den Ruhm).
III/31
In einer Reihe von Paaren stolziert ihr in den Schloss-Saal, um euch von den Gästen bewundern zu lassen.

Zum A-Teil der Musik verbeugt ihr euch zueinander und zum Publikum. In der Wiederholung des musikalischen Themas geht ihr weiter durch den Raum.
Im B-Teil bildet ihr jeweils zu sechst Kreise und geht herum. So kann man euch von allen Seiten bestaunen!
Im letzten A-Teil nehmt ihr eure Plätze ein.
Nun kann das Fest beginnen!

4. Am Ende der Reise zieht es euch ans Meer! In der Bretagne tobt der Atlantik. Zum Rauschen der Wellen hört ihr bretonische Musik und tanzt am Strand um ein Lagerfeuer. III/32

Schritte:
rechts schwingt vor links, rechts neben links setzen,
links kreuzt vor rechts, rechts neben links setzen,
links schwingt nach rechts, alles wieder zurück.

Im Stau III/33–34

Melodie und Text: Felix Janosa

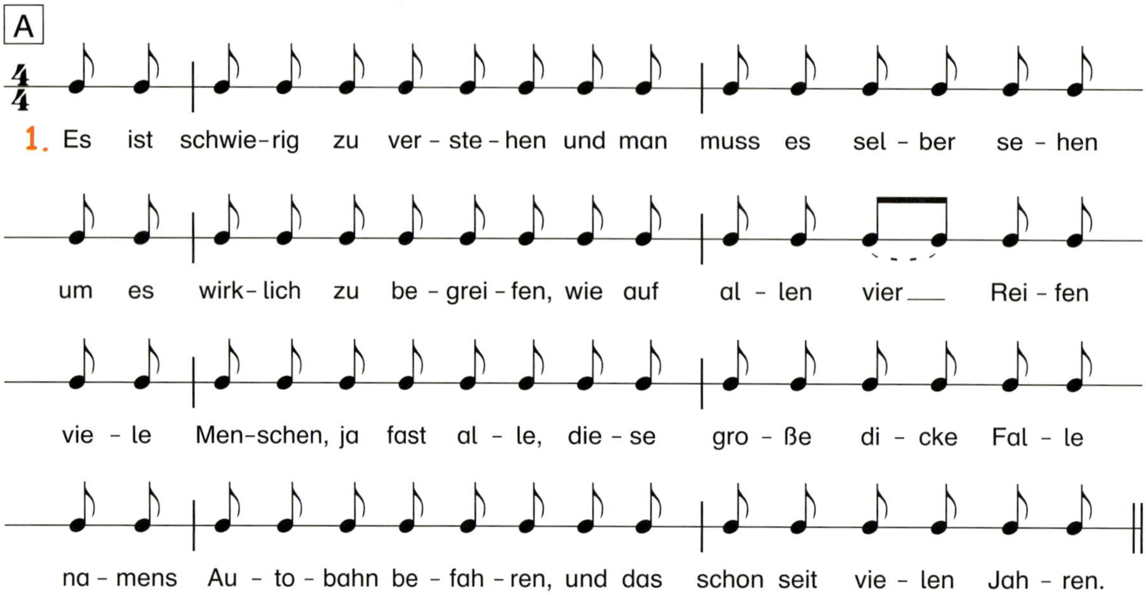

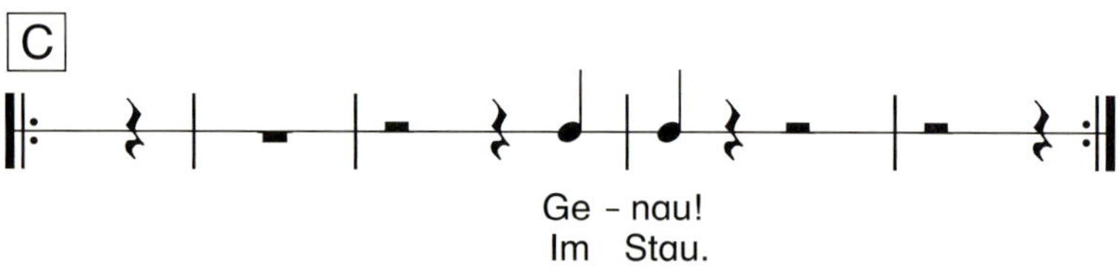

1. Habt ihr schon einmal im Stau gestanden? Erzählt davon!

2. Manche spüren ihre Blase,
and're bohren in der Nase
oder schau'n in den Kalender
oder suchen neue Sender.
Mancher Dichter oder Denker
trommelt nur auf seinem Lenker
oder schneidet eine Fratze
oder kämmt sich seine Glatze.

3. Viele dösen, manche pennen
und die Sonnenstrahlen brennen.
Alle träumen von zu Hause
oder von der Mittagspause
und die Luft wird immer schwüler
und es dampft aus jedem Kühler.
Nur das Auto nicht verlassen,
nur die Ausfahrt nicht verpassen!

Welche Begleitung soll es sein? III/35

Entscheidet selbst, welche Liedbegleitung ihr verwenden wollt.

Die vereinfachten Stimmen aus dem Original selbst musizieren

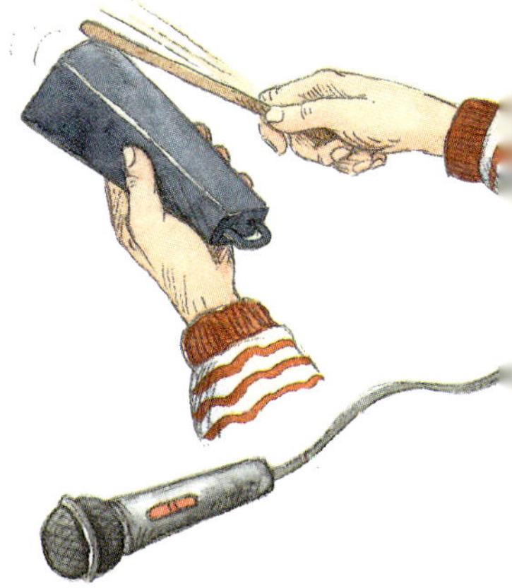

Sprechgesang zum Playback

2. *Hört euch das Playback an und versucht den Text zu »Im Stau« dazu zu rappen.*

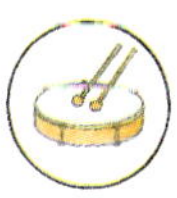

Eine eigene Begleitung erfinden

3. *Spielt zuerst einen gleich bleibenden Rhythmus. Entwerft dann eine kleine Bassfigur, die sich immer wiederholt.*

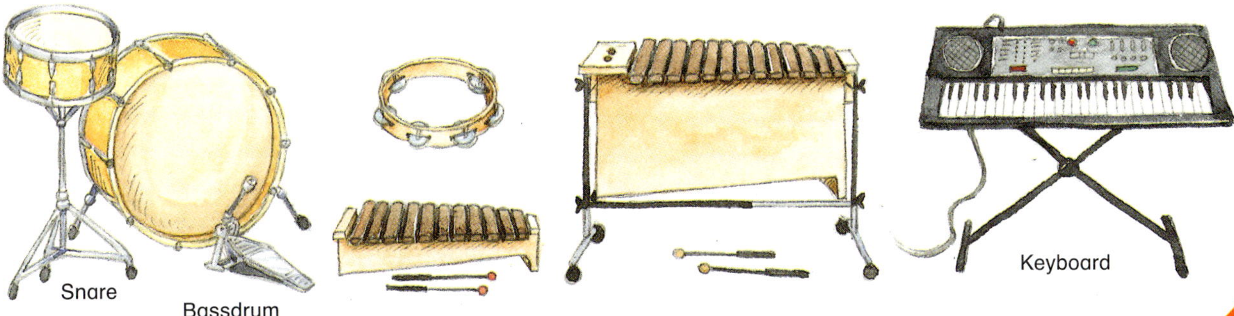

Wer schleicht da? III/36–37

Musik: Bob Barton-Allcock
Text: Michael Frielinghaus

Zwischenspiel – dazu machen die Sänger ein leises ›Miau‹.

3. Was schleicht denn da durch den Gemüsegarten?
Mal seh'n, was könnte das denn diesmal sein?
Kannst du vielleicht irgendwas erkennen? Nee!
Da! Dahinten muss es sein.

4. Ich kann dort aber wirklich nichts entdecken,
wahrscheinlich ist es nur so klitzeklein.
Ein Kopfsalat ist völlig abgefressen.
Ja, dann kann's nur 'ne Schnecke sein.

Zwischenspiel – dazu ein leises Schmatzen.

5. Was schleicht denn da herum auf leisen Sohlen?
Mal seh'n, was könnte das denn diesmal sein?
Kannst du vielleicht irgendwas erkennen? Wo?
Da! Dahinten muss es sein.

6. Schau mal, die große bunte Feder,
die schleicht doch da nicht 'rum so ganz allein.
Irgendwer gehört zu dieser Feder.
Das muss – ein Indianer sein.

Nachspiel – dazu »Indianergeheul«

1. Spielt das Vorspiel, Zwischenspiel und Nachspiel auf Instrumenten.

2. Denkt euch noch weitere Strophen von schleichenden Tieren, Menschen oder anderen Wesen aus.

3. Entwickelt Schleichszenen, z.B. »Im Dschungel« und verwendet dafür das Musikstück »Keep Cool«. III/38

Der rosarote Panter III/39

Eine richtige ›Schleichmusik‹ hört man in einem alten Film, in dem ein rosaroter Panter vorkommt.

Stellt euch dazu die folgende Geschichte vor:

Einbrecher wollen den kostbaren Diamanten der englischen Königin stehlen.

Er ist in einem Museum aufbewahrt, in das die Gangster bereits eingedrungen sind.

Obwohl es Nacht ist, müssen sie auf der Hut sein.

Ein Wachmann könnte jeden Augenblick um die Ecke kommen!

Die Gangster benutzen deshalb die Ausstellungskästen als Deckung.

Sie schleichen von einem zum anderen

und nähern sich so dem Diamanten …

1. Hört die Musik und überlegt euch einen passenden Schluss für die Geschichte.

2. Spielt die Szene zur Musik, sprecht dabei aber nicht.

3. Ihr könnt euch dazu aus schwarzem Tonpapier und Gummibändern »Einbrecher-Masken« basteln.

Grusliges

Die alte Moorhexe III/40

Melodie und Arrangement: Wolfgang Jehn
Text: Margarete Jehn

2. Gegen Mitternacht jedoch
fährt sie in ihr Hexenloch,
füttert ihre sieben Schlangen,
bringt den schnellen, starken, langen
Hexenbesen in den Stall,
scharrt und raschelt überall;
hält die ganze Welt für dumm.
hext herum, hext herum.

3. Bei dem Spuk in Moor und Sumpf
ging verlor'n ihr Ringelstrumpf;
jener rote linksgestrickte
Strumpf, den ihre Schwester schickte,
hängt in einer Birke drin,
flattert einsam vor sich hin;
hält die ganze Welt für dumm,
hext herum, hext herum.

1. Begleitet den geflüsterten Spruch im Zwischenteil mit Instrumenten. Flüstert diesen Spruch auch zu den Strophen.

Die böse Hexe Baba Jaga

In vielen russischen Märchen heißt die alte, böse Hexe ›Baba Jaga‹.
Sie sieht grässlich aus, ihr Gesicht ist zum Fürchten und sie frisst am liebsten Menschenfleisch.
Baba Jaga wohnt in einer kleinen Hütte, die auf großen Hühnerfüßen steht und sich drehen kann. Normalerweise steht diese Hütte mit dem Eingang zum Wald.
Kommt jedoch ein Mensch vorbei, den Baba Jaga fressen will, dann dreht sich die Hütte mit dem Eingang zu ihm hin, und die Hexe stürzt sich auf ihr Opfer.
Auf ihren Beutezügen fliegt Baba Jaga in einem Mörser durch die Luft.
In der einen Hand hält sie einen Stößel, mit dem sie den Mörser antreibt, und in der anderen den Besen, mit dem sie ihre Spuren verwischt.

Diese Beschreibung der Baba Jaga kannte auch der russische Komponist Modest Mussorgsky. Er hat in einem Klavierstück seine Vorstellungen von der Hexe in Musik umgesetzt. III/41
Der französische Komponist Maurice Ravel hat daraus einige Jahre später ein Orchesterwerk gemacht. III/42

forte (f) = laut
mezzoforte (mf) = mittellaut
piano (p) = leise

1. *Hört euch das Orchesterstück an und stellt euch vor, was die Baba Jaga gerade macht. Achtet dabei besonders auf die leisen und lauten Abschnitte.*
2. *Hört andere Musikstücke und schreibt auf, ob sie laut, mittellaut oder leise klingen. Verwendet dabei die Fachausdrücke.*
   III/43–44

In der Wolfsschlucht

Auf diesem Bild seht ihr die Wolfsschlucht. Es ist Mitternacht, der bleiche Mond steht am Himmel und ein Sturm zieht auf. Zwei Männer haben einen Kreis aus schwarzen Feldsteinen um sich herum gelegt und sind dabei, Gewehrkugeln zu gießen. Dabei sehen sie unheimliche und schreckliche Erscheinungen.
Das Geschehen in der Wolfsschlucht ist nur ein Teil einer verwickelten Geschichte: Der Jäger mit Hut heißt Max. Er muss einen Meisterschuss ablegen, um die Jägerstochter Agathe heiraten zu können. Weil sein Gewehr verhext ist, hat er jedoch kein Glück im Schießen. Deshalb braucht er sogenannte ›Freikugeln‹, die jedes Ziel treffen. Der Bärtige ist Kaspar. Er hat mit Samiel, dem Teufel, einen Pakt abgeschlossen. Dieser verlangt von Kaspar jedes Jahr eine Menschenseele. Dieses Mal soll Agathe geopfert werden. Dazu gießt Kaspar mit Hilfe Samiels in der Wolfsschlucht sieben Freikugeln, die er Max gibt. Max weiß nicht, dass die siebente Kugel vom Teufel gelenkt wird und dadurch Agathe treffen soll. Zum Glück trägt sie im Augenblick des Schusses einen weißen Rosenkranz, der sie schützt.

Das Kugelgießen in der Wolfsschlucht gehört zur Oper »Der Freischütz« von Carl Maria von Weber (1786–1826).
In einer Oper kommt alles zusammen: Theater, Gesang, Orchestermusik und Bühnenbild.
Das Bühnenbild (links) zeigt, wie man sich damals die Szene »In der Wolfsschlucht« vorgestellt hat.
»Der Freischütz« wurde vom Publikum von Anfang an mit Begeisterung aufgenommen.

1. Hört euch die Wolfsschluchtszene an. IV/1

2. Beschreibt, wie der Komponist die gruseligen Erscheinungen in Musik umsetzt.

Kaspar gießt, lässt die Kugel aus der Form fallen und ruft:
»Eins!«
Echo: »Eins«
(Waldvögel huschen und flattern.)
Kaspar gießt und zählt:
»Zwei!« Echo: »Zwei.«
(Ein schwarzer Eber jagt vorbei.)
Kaspar: »Drei!«
Echo: »Drei.«
(Ein Sturm erhebt sich und bricht die Wipfel der Bäume.)
Kaspar: »Vier!«
Echo: »Vier.«
(Peitschenknall und Pferdegetrappel:
Vier feurige Räder rollen vorüber.)
Kaspar: »Fünf!«
Echo: »Fünf.«
(Hundegebell und Wiehern; Nebelgestalten von Jägern,
Hirschen und Hunden ziehen vorüber.)
Kaspar: »Wehe! Das wilde Heer!«
Unsichtbarer Chor singt:
»Durch Berg und Tal, durch Schlund und Schacht,
durch Tau und Wolken, Sturm und Nacht!
Durch Höhle, Sumpf und Erdenluft, durch Feuer,
Erde, See und Luft, jaho!
Wauwau! Ho! Ho! Ho! Ho! Ho! Ho! Ho!«
Kaspar: »Sechs! Wehe!«
Echo: »Sechs.«
(Der ganze Himmel wird schwarze Nacht, dunkelblaue
Flammen schlagen aus der Erde; Irrlichter zeigen
sich, Felsenstücke stürzen herab, die Erde scheint zu
schwanken.)
Kaspar: »Samiel – Samiel! Hilf! – Sieben!«
Echo: »Sieben.«
Max: »Samiel!«
Samiel: »Hier bin ich.«

In der Wolfsschlucht – ein szenisches Klangspiel

Szene 1 Waldvögel huschen und flattern.

Szene 2 Ein schwarzer Eber jagt vorbei.

Szene 3 Ein Sturm erhebt sich und bricht die Wipfel der Bäume.

Szene 4 Peitschenknall und Pferdegetrappel: vier feurige Räder rollen vorüber.

Szene 5 Nebelgestalten ziehen vorüber.

Szene 6 Dunkelblaue Flammen schlagen aus der Erde; Irrlichter zeigen sich. Felsenstücke stürzen herab.

1. *Spielt das Geschehen in der Wolfsschlucht nach.*

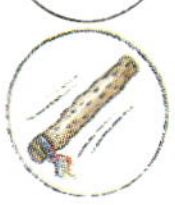

2. *Entwerft eure eigene Musik und musiziert in jeder Szene mit passenden Klängen.*

Ein Jäger längs dem Weiher ging

Melodie und Text: mündlich überliefert aus dem Rheinland

IV/2–3

2. Was raschelt in dem Grase dort? Lauf, Jäger, lauf! ③
   Was flüstert leise fort und fort? ④
3. Was ist das für ein Untier doch? Lauf, Jäger, lauf!
   Hat Ohren wie ein Blocksberg hoch! ⑤
4. Das muss fürwahr ein Kobold sein! Lauf, Jäger, lauf!
   Hat Augen wie Karfunkelstein! ⑥
5. Der Jäger furchtsam um sich schaut. Lauf, Jäger, lauf!
   Jetzt will ich's wagen, – o mir graut! ⑦
6. O Jäger, lass die Büchse ruh'n! Lauf, Jäger, lauf!
   Das Tier könnt' dir ein Leides tun!
7. Der Jäger lief zum Wald hinaus. Lauf, Jäger, lauf!
   Verkroch sich flink im Jägerhaus. ⑧
8. Das Häschen spielt im Mondenschein. Lauf, Jäger, lauf!
   Ihm leuchten froh die Äugelein. ⑨

Begleitung 1

Begleitung 2

1. Spielt die Stabspielbegleitung zum Lied. IV/4

2. Vertont die unheimlichen Erscheinungen, die Angst des Jägers und das fröhliche Häschen. Spielt die Klänge als Hintergrundmusik zum Strophengesang.

1 Vogelzwitschern
2 die Eule ruft
3 Papierrascheln
4 flüstern
7 die Angst des Jägers
8 Rennen
9 frohe Äuglein

Der Grundschlag

Yepo i tai tai ye IV/5

Melodie und Text:
mündlich überliefert

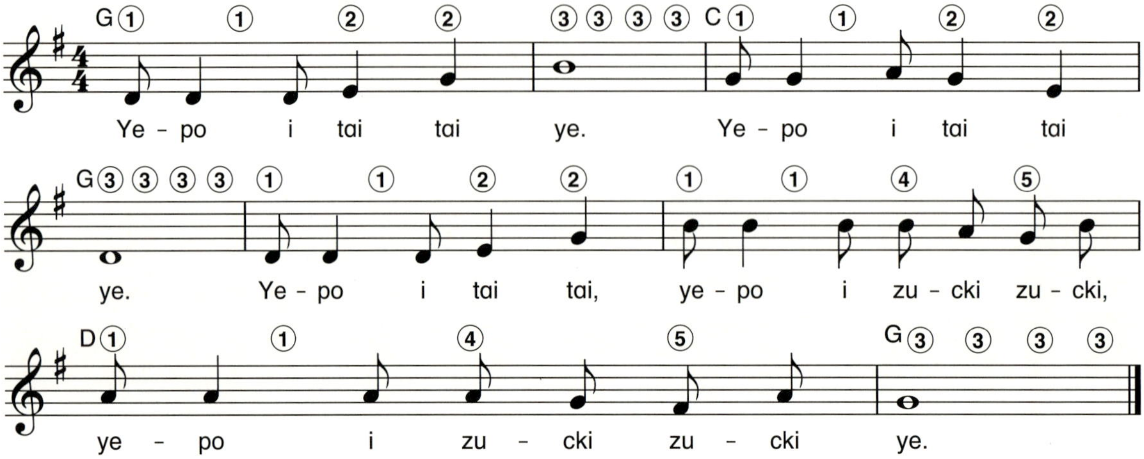

Beim Singen dieses Liedes werden im Grundschlag Bewegungen dazu gemacht.

1. Singt das Lied und patscht dazu zuerst nur im Grundschlag auf die Oberschenkel.

2. Macht dann alle Bewegungen zum Lied.

Wenn man ein Lied singt oder hört, kann man fast automatisch dazu im Grundschlag klatschen. Wie der Puls in unseren Adern pocht auch der Grundschlag zur Musik. Man kann, aber man muss ihn nicht hören.

①

auf die Oberschenkel patschen

②

in die Hände klatschen

③

mit den Fingern schnipsen

Woher dieses Lied stammt, weiß niemand. Es wird von Mund zu Mund weitergegeben, und dabei verändern sich die Wörter, die Melodie und die Bewegungen immer ein wenig.

3. Spielt »Stille Post« mit einer einfachen Melodie und einem kurzen Text.
Wie hat sich das Lied verändert?

④

An dem einen
Ohrläppchen zuckeln.

⑤

An dem anderen
Ohrläppchen zuckeln.

The Dawn – Die Morgendämmerung IV/6

»Techno« nennt sich ein Musikstil, die nur am Computer hergestellt wird und sich gut zum Tanzen eignet.
Typisch für die Musik ist die Basstrommel, wenn sie laut und deutlich im Grundschlag spielt.

1. Hört den Musikausschnitt und gebt ein Zeichen, wenn die Basstrommel im Grundschlag spielt.

*2. Bewegt euch zur Musik.
Tanzt, wenn die Basstrommel zu hören ist.
Haltet still, wenn sie nicht zu hören ist.*

There will be no sunlight,
Da gibt es kein Sonnenlicht,

there will be no rain,
da gibt es keinen Regen,

darkness is the only true colour,
Dunkelheit ist die einzig wahre Farbe,

until we see the dawn.
bis wir die Morgendämmerung sehen.

The dawn – until the dawn.
Die Morgendämmerung – bis zur Morgendämmerung.

The night is our friend,
Die Nacht ist unser Freund,

until we see the dawn.
bis wir die Morgendämmerung sehen.

Eine musikalische Schlittenfahrt

In der »Musikalischen Schlittenfahrt« von Leopold Mozart wird dargestellt, wie Pferde gleichmäßig traben und dabei viele Glöckchen klingeln. IV/7

Schellenkranz (selbst gebastelt)

1. Stellt euch vor, wie die Pferde einen großen, gemütlichen Schlitten ziehen und die Glöckchen an ihrem Zaumzeug und am Schlitten bei jedem Schritt bimmeln.

2. Versucht, zu dem Stück genau im Tempo der Pferde zu laufen.

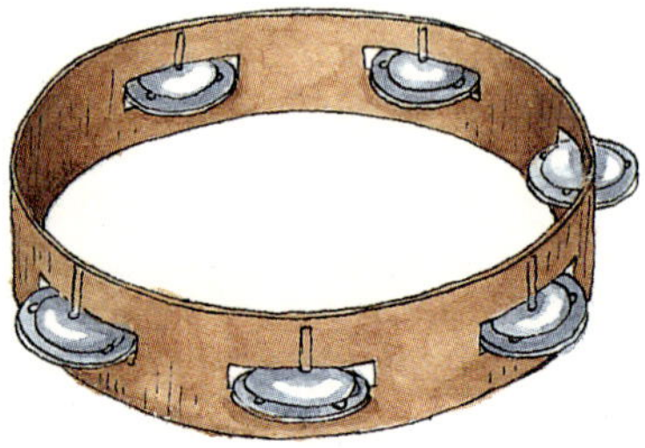

Schellenring

Zum Nachahmen dieses Schlittengeläutes gibt es richtige Schlittenglocken. Man kann aber auch ein Schellenband, einen Glockenkranz oder einen Schellenring verwenden.

In der »Musikalischen Schlittenfahrt« werden die Glöckchen im Grundschlag der Musik gespielt.

3. Klatscht oder spielt im Grundschlag auf euren Instrumenten zum Hörbeispiel.

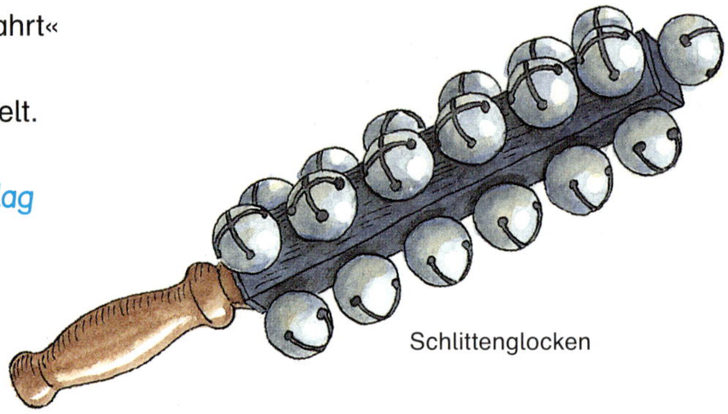

Schlittenglocken

Leopold Mozart

Der Geiger und Komponist Leopold Mozart (1719–1787) war der Vater von Wolfgang Amadeus Mozart. Seine »Musikalische Schlittenfahrt« wurde das erste Mal in Augsburg aufgeführt. Ein Jahr vor diesem Konzert hatte dort eine große Schlittenfahrt vor vielen Zuschauern stattgefunden. Vielleicht erinnerten sich die Leute an dieses Ereignis, als sie das Stück von Leopold Mozart hörten.

Schellenband

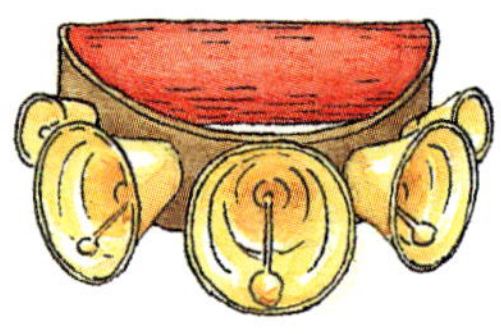

Glockenkranz

In der Zeit Leopold Mozarts fanden im Winter häufig festliche Schlittenfahrten statt. Die Schlitten wurden meistens zu einem bestimmten Thema geschmückt, wie zum Beispiel »Die vier Jahreszeiten«.

Zur Vorbereitung einer solchen Schlittenfahrt bekamen die Kinder an vielen Schulen sogar schulfrei! Wenn der Umzug begann, war die ganze Stadt auf den Beinen, um sich die Schlitten anzuschauen. Programme wurden verteilt, Stände mit Leckereien aufgestellt – dann fuhren die Schlitten in einem langsamen Zug in schönen Figuren durch die Stadt.

4. Beschreibt, was ihr auf dem Bild seht.

5. Überlegt euch selbst Figuren und probiert sie zum Grundschlag der Musik aus.

Hier rockt's

In der Rockmusik werden vor allem
elektrisch verstärkte Instrumente verwendet,
wie z. B. die E-Gitarre, der E-Bass
und das Keyboard.
Eine sehr wichtige Rolle spielt bei dieser Musik
aber auch das Schlagzeug.

Hier hört ihr den Beginn von drei Stücken,
bei denen jeweils der Grundschlag
mit der Kuhglocke markiert wird.
Die Kuhglocke wird gerne verwendet,
um deutliche Akzente zu setzen. IV/8

Kuhglocke

1. *Spielt den Grundschlag auf geeigneten Instrumenten mit oder klatscht einfach dazu.*

2. *Welche Instrumente könnt ihr bei den Ausschnitten deutlich heraushören?*

E-Gitarre IV/9

Diese Gitarre wird elektrisch verstärkt. Deshalb heißt sie ›E‹-Gitarre, also ›elektrische‹ Gitarre. Ein Kabel verbindet sie mit einem Verstärker, aus dem die Töne viel lauter herauskommen, als sie auf der E-Gitarre ohne Verstärker gespielt werden. Man kann auch unterschiedliche Klangfarben einstellen.

E-Gitarre

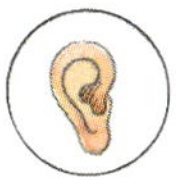

3. Versucht, bei dem Hörbeispiel die Klangfarben zu beschreiben.

E-Bass IV/10

Auch diese Gitarre wird elektrisch verstärkt. Sie heißt E-Bass oder Bass-Gitarre, weil man auf ihr die tiefen Töne, also die Basstöne, spielt. In einer Rockband hört man die Bass-Gitarre meist nicht besonders deutlich heraus. Manchmal spielt sie jedoch auch auffällige Basstöne.

E-Bass

Keyboard IV/11

Auf einem Keyboard spielt man wie auf einem Klavier. Das Keyboard ist ein elektrisches Instrument, das über viele Möglichkeiten verfügt, den Klang der Töne zu verändern.

Keyboard

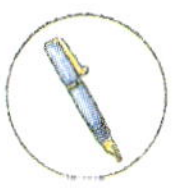

4. Schreibt auf, in welcher Reihenfolge die folgenden Klänge verwendet werden: Kirchenorgcl, Flugzeugmotor, Glocken, Panflöte, Klavier, Wasserblubbern.

Schlagzeug IV/12

Dieses Instrument besteht aus mehreren Einzelinstrumenten.

Schlagzeug

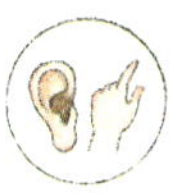

5. Verfolgt die Hörbeispiele und zeigt auf das jeweils klingende Instrument.

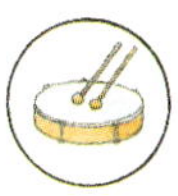

6. Stellt euch vor, ihr sitzt an dem abgebildeten Schlagzeug. Spielt zu den Beispielen die entsprechenden Instrumente mit, indem ihr an der richtigen Stelle in die Luft schlagt.

Das Tempo

So, wie wir uns mal schneller oder langsamer fortbewegen, verhält es sich mit dem Tempo in der Musik.
Auch hier gibt es viele verschiedene Tempi, die von sehr langsam bis sehr schnell reichen.

*1. Sucht euch eine Figur aus dem Bild aus und spielt sie nach.
Achtet dabei besonders auf das Tempo.
Finden die anderen heraus, welche Figur ihr meint?*

2. Hört euch die Ausschnitte der Musikbeispiele an. IV/13
*Wie würdet ihr das jeweilige Tempo bezeichnen?
Wählt aus: schnell – mittelschnell – langsam – schneller werdend – langsamer werdend*

Die Reise nach Jerusalem IV/14

Spielt das Spiel »Die Reise nach Jerusalem« mit besonderen Spielregeln:
Es steht ein Stuhl weniger im Kreis als Kinder mitspielen. Alle gehen zur Musik um den Stuhlkreis herum. Plötzlich stoppt die Musik und jeder versucht, sich auf einen Stuhl zu setzen. Wer übrig bleibt, fällt aus und darf als nächster die Musik stoppen. Ein Stuhl wird aus dem Stuhlkreis entfernt und die Musik wird wieder angestellt.
Achtung: Sonderregelung! Im Verlauf der Musik wechselt mehrfach das Tempo. Wer seinen Schritt nicht zum Tempo anpasst, muss ausscheiden.

Das Metronom

Damit Komponisten das Tempo ihrer Musik genau festlegen können, hat der Erfinder Johann Nepomuk Mälzel (1772–1838) das Metronom entwickelt. Es funktioniert so:
An dem Gehäuse ist eine Stange befestigt, die beim Hin- und Herpendeln ein Ticken erzeugt. An dieser Stange befindet sich ein Gewicht, das sich nach oben und unten verschieben lässt. Je weiter unten das Gewicht sitzt, desto schneller bewegt sich das Pendel und desto schneller tickt es auch.
An dem Gehäuse befindet sich außerdem eine Zahlenreihe, die angibt, wie viele Schläge in der Minute das Pendel tickt. Diese Schläge geben das Tempo des Grundschlages an, in dem die Musik gespielt wird.

Tempoeinstellung am Computer

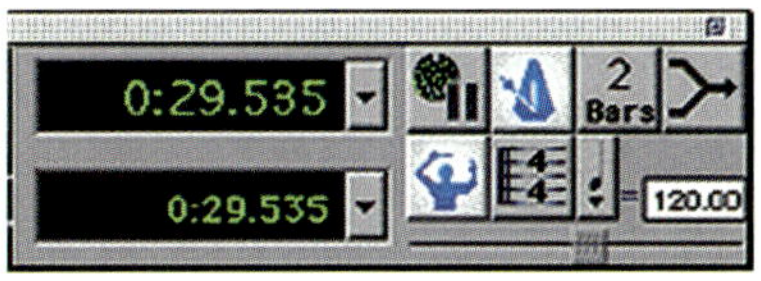

In jedem Musik-Computerprogramm kann man das Tempo einstellen. Manchmal findet man die Bezeichnung ›bpm‹, das ist englisch und bedeutet: Beats per minute – Schläge pro Minute.

Ihr könnt euer Tempo auch ohne ein Metronom messen.

Dazu braucht ihr einen »Schrittmacher«, einen »Zeitstopper« und einen »Aufschreiber«. Diese Personen wechseln nach jedem Durchgang.
Die anderen Kinder stehen in einem großen Kreis.
Der »Schrittmacher« geht in ihrer Mitte im gleichmäßigen Tempo. Wenn er losgeht, fängt der »Zeitstopper« an, mit einer Uhr die Länge einer Minute zu messen. Währenddessen zählen die Kinder die Anzahl der Schritte mit.
Nach einer Minute notiert der »Aufschreiber«, wie viele Schritte der »Schrittmacher« in dieser Zeit gegangen ist.
Der nächste »Schrittmacher« sollte möglichst in einem anderen Tempo gehen.

Einfach tierisch! – Karneval der Tiere

Der französische Komponist und Klavierlehrer Camille Saint-Saëns (gesprochen »kamij sen-san«, »en« und »an« werden durch die Nase gesprochen) hatte eine ›tierisch‹ gute Idee, um seinen Schülern mehr Spaß beim Üben zu bereiten.
Er dachte sich Klavierstücke aus, in denen Tiere musikalisch dargestellt werden.
Später machte Saint-Saëns daraus 14 Stücke für zwei Klaviere und kleines Orchester und nannte sie »Karneval der Tiere«.
Die erste Aufführung fand während des Faschings im Jahre 1886 statt.
Saint-Saëns selbst spielte an einem der beiden Klaviere mit.

1. Hört euch drei Ausschnitte an und versucht sie den Bildern zuzuordnen. IV/15–17

2. Stellt selbst den »königlichen Marsch des Löwen«, das Toben der »Wilden Esel« und den »Tanz der Schildkröten« zur Musik dar.

3. Findet anhand der Tempobezeichnungen heraus, welches Klangzeichen zu welchem Tier gehört.

sehr schnell

mittelschnell

weniger schnell

4. Spielt nach den Klangzeichen zu den entsprechenden Hörbeispielen.

Die »Wilden Esel« toben in diesem Klavierstück in rasendem Tempo über die Tasten.
Dabei passiert im Klavier Folgendes:
Wenn der Spieler eine Taste anschlägt, setzt er ein Hämmerchen in Bewegung, das dann auf eine Saite trifft.
Die Saite gerät durch den Schlag in Schwingungen – und ein Ton erklingt.

Klavier

Wegen dieser Art der Tonerzeugung gehört das Klavier zu den Tasteninstrumenten.

Eine besondere Art des Klaviers ist der Flügel, den man wegen seines Aussehens so nennt.

Flügel

Für die Schildkröten dachte sich Saint-Saëns etwas Lustiges aus.
Er veränderte für sie einen Tanz, der sonst besonders schnell und wild ist, einen »Can Can«. IV/17
Ihnen zuliebe verlangsamte er das Tempo der Musik so sehr, dass auch sie diesen damaligen Modetanz gemächlich ausführen können.
Die Melodie des »Can Can« war zu Lebzeiten des Komponisten so bekannt, dass »die Spatzen sie von den Dächern pfiffen«.

IV/18

Beim »Can Can« schwingen die Tänzerinnen ihre Beine abwechselnd in schnellem Tempo auf und ab.

5. Versucht, in dieser Art zur Musik zu tanzen.

In der Halle des Bergkönigs

In Norwegen gibt es ein altes Märchen, das von dem mutigen Jäger Peer Gynt aus dem Gudbrandstal handelt. Der norwegische Schriftsteller Henrik Ibsen machte aus diesem Märchen ein Theaterstück, in dem Peer Gynt jedoch kein Held mehr ist, sondern ein eingebildeter Angeber, der immer wieder an der Nase herumgeführt wird. So prahlt er zum Beispiel gegenüber einer Frau, dass er der beste Mann für sie sei. Er weiß nicht, dass diese Frau die Tochter des Königs der Trolle ist.
Trolle sind der Sage nach böse, Menschen fressende Riesen, die oft auch mehrere Köpfe haben. Sie verurteilen jeden Menschen zum Tode, der sich an eine Trollfrau heranwagt. Peer Gynt steht Schlimmes bevor!
Nachdem er zusammen mit ›seiner‹ Trollfrau auf einem Schwein in die Halle des Bergkönigs geritten ist, muss sich Peer Gynt vor dem König der Trolle rechtfertigen. Die versammelten Trolle und Trollkinder verhalten sich erst ruhig und beobachten alles misstrauisch. Allmählich werden sie erregter und bedrohen Peer Gynt schließlich. Je stärker sie auf ihn losgehen, desto wilder werden ihre Schreie. Doch da ruft der Bergkönig mit Donnerstimme: »Eis euch ins Blut!« und beruhigt so die erhitzten Gemüter der Trolle. Peer Gynt ist gerettet und verlässt unversehrt die Halle des Bergkönigs.

Der Komponist Edvard Grieg hat zu diesem Theaterstück die Musik geschrieben.

1. *Hört euch die Bühnenmusik an und stellt euch dabei den bedrohten Peer Gynt, den Bergkönig auf seinem Thron und die Trolle vor.* IV/19

Bekannt wurde die Musik »In der Halle des Bergkönigs« vor allem als reines Orchesterwerk. IV/20

2. *Beschreibt, wie Edvard Grieg die zunehmende Erregung der Trolle musikalisch darstellt. Achtet dabei besonders auf die Veränderung des Tempos.*

3. *Bewegt euch wie die Trolle vor dem Bergkönig und um »Peer Gynt« herum. Nähert euch langsam und beschleunigt euer Geh-Tempo genau zur Musik, sodass ihr ins Laufen kommt.*
   Bedroht den verängstigten »Peer Gynt« bei den peitschenden Schlusstönen mit heftigen Bewegungen. Berührt ihn aber nicht!

Der Takt

Einfach taktvoll!

Hier seht ihr eine Folge von Grundschlägen.

Wenn in regelmäßigen Abständen ein Grundschlag betont wird, entsteht eine Taktart.

Beispiel: 

In der Notenschrift erkennt man den Takt an den Taktstrichen. Der erste Schlag im Takt wird betont.

Beispiel:  usw.

1. Musiziert zu zweit.
Ein Kind spielt nur jeden ersten, betonten Schlag im Takt, und ein anderes Kind spielt alle Schläge.
Spielt in gleichmäßigen Grundschlägen.
Zählt eure Schläge mit: 1–2, 1–2 oder 1–2–3, 1–2–3 oder 1–2–3–4 usw.
Erkennen eure Mitschüler, in welcher Taktart ihr spielt?

2. Hört die Ausschnitte aus dem Film »Das Dschungelbuch« und findet heraus, welches der drei Lieder im 2er-, im 3er- oder im 4er-Takt steht. IV/21–23

Hathi und seine Elefantenherde marschieren.

Das Mädchen singt am Bach.

Kaa, die Riesenschlange, will Mogli hypnotisieren.

Tomatensalat IV/24

Melodie und Text: mündlich überliefert

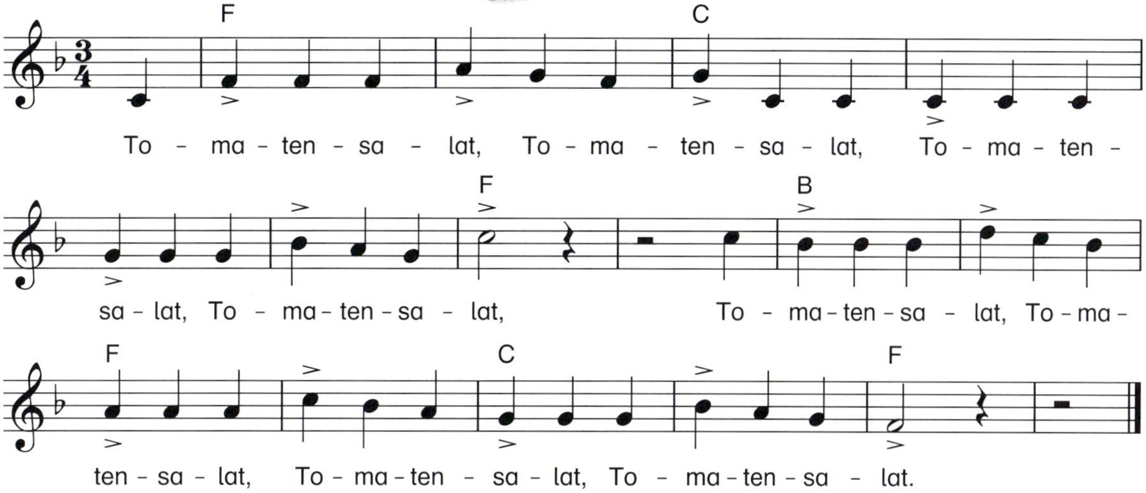

1. Singt das Lied und betont besonders deutlich jede erste Silbe im Takt. Warum ist es gar nicht so einfach, dieses Lied zu singen?

2. An welchen Stellen im Lied stimmen die Betonungen im Wort >Tomatensalat< mit den Betonungen in der Melodie überein?

3. Welche der folgenden Wörter werden auftaktig gesungen und welche nicht?

Beginnt ein Lied oder ein Musikstück mit einem unvollständigen Takt, dann ist dies ein **Auftakt.** Genauso wie bei vielen Wörtern die erste Silbe unbetont gesprochen wird (zum Beispiel bei ›Tomate‹ und ›Salat‹), ist auch der Auftakt unbetont.

4. Denkt euch andere zusammengesetzte Wörter mit vier oder fünf Silben aus und singt damit das Lied.

Das Lied »Probier's mal mit Gemütlichkeit« beginnt mit einem Auftakt, der aus den ersten drei Silben besteht! IV/25–26

Balu, der Bär, und Mogli vergnügen sich im Dschungel.

An der schönen, blauen Donau

Johann Strauß
mit seinem Orchester

Wien liegt an der Donau und ist die Hauptstadt von Österreich.
Hier entstand der Wiener Walzer, den die Leute von Anfang an mit großer Begeisterung tanzten. »An der schönen, blauen Donau« heißt einer der berühmtesten Walzer, der je geschrieben wurde.
Johann Strauß (der Jüngere) komponierte ihn 1867.
Auf einem Faschingsfest wurde das Walzerlied zum ersten Mal gesungen.
Aber man sang nicht von der Donau, sondern vom Fasching.

1. Hört euch den Anfang des Walzers an. IV/27
Ihr könnt dazu den Wiener Faschingstext singen oder eigene Texte erfinden. IV/28

Die Begeisterung der Wiener für den Walzer kannte keine Grenzen. Alles, was Beine hatte, drehte sich im Dreivierteltakt zur Musik. Es gab Tanzlokale, in denen sechstausend Tänzer und Tänzerinnen gleichzeitig den Walzer tanzten.
Jedes Orchester wollte besser sein als das andere.
Der Dirigent war gleichzeitig Geiger und Komponist.
Er musste sich fast täglich einen neuen Walzer ausdenken.
Jeder wollte mit seinen Melodien zum ›Superstar des Walzers‹ werden.
Die Familie Strauß gehörte zu den wichtigsten Walzerkomponisten. Johann Strauß (der Jüngere) gilt noch heute als der Walzerkönig.

Dieser Text wurde 1866 von einem Wiener Polizeikommissar verfasst.

Walzer tanzen! IV/29

Den Grundschritt des schnellen Walzers könnt ihr so üben:

1. *Stellt euch im Sitzen ein Viereck auf dem Boden vor, und setzt eure Füße so, wie es auf den Abbildungen zu sehen ist.*

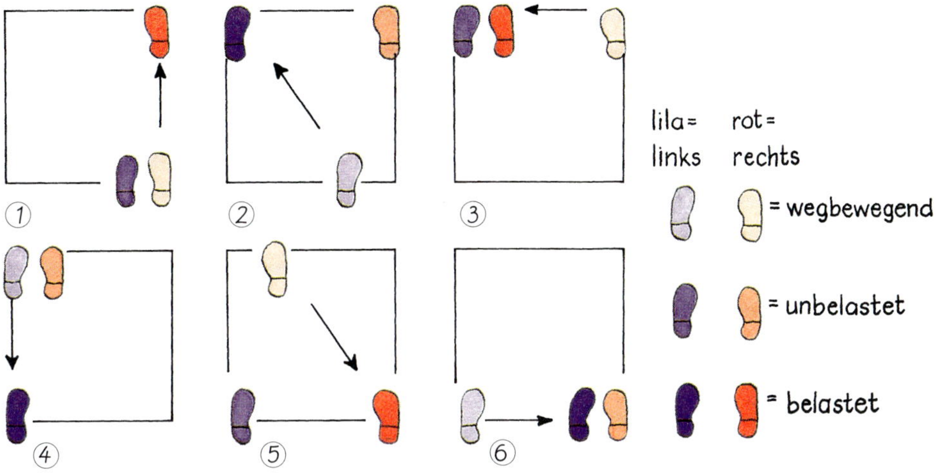

Zählt dabei 1–2–3, 1–2–3 ...

2. *Tanzt diese Schritte genauso im Stehen.*

3. *Sucht euch einen Partner oder eine Partnerin und fasst ihn oder sie lose an den Händen.*
   Der Partner tanzt den Grundschritt in umgekehrter Reihenfolge:
   Bild 4 – Bild 5 – Bild 6 – Bild 1 – Bild 2 – Bild 3.
   Wenn ihr den Fuß zu Bild 1 etwas schräg nach rechts vorne und zu Bild 4 etwas schräg nach links hinten setzt, könnt ihr sogar eine Walzerdrehung erreichen.

4. *Singt das Walzerlied zum Tanz!*

Blechbüchsenmarsch IV/30–31

Musik: Hermann Amann
Text: Manfred Jenning

Das Lied stammt aus dem Marionettentheater »Gut gebrüllt, Löwe« der »Augsburger Puppenkiste«.

1. *Marschiert wie die Blechbüchsenarmee zum Lied.*
2. *Zeigt in der Rhythmusstimme, an welchen Stellen ihr dabei die Füße setzt.*

3. *Zählt mit den Füßen: 1 – 2, 1 – 2 ...*

Die Blechbüchsenarmee hatte ihren Namen von einer Rüstung, die wirklich wie eine oben und unten offene Blechbüchse aussah. Das war sehr praktisch, denn die Soldaten brauchten diese Gehäuse nur vor ihrem Lager abzustellen, wenn sie schlafen gingen, und am Morgen von oben hineinzuspringen. Dann zogen sie die Büchsen bis unter die Achseln, sodass ihre Stiefel unten herausschauten, und schnallten sie über der Schulter mit Lederriemen fest. Diese Armee war fast unschlagbar, denn sie erwartete ihren Feind – wo immer es ging – auf der Spitze eines Abhangs. Dann brüllte der General das gefürchtete Kommando: »Alle Blechbüchsen: Hinlegen! – Roll!! – Rooll!!!« Die Trompeten schmetterten und die Blechbüchsenarmee kollerte mit fürchterlichem Getöse abwärts, dem Feind entgegen, und wer nicht rasch genug ausriss, wurde plattgewalzt wie ein Pfannekuchen. (Max Kruse, Gut gebrüllt, Löwe)

Zur Begleitung

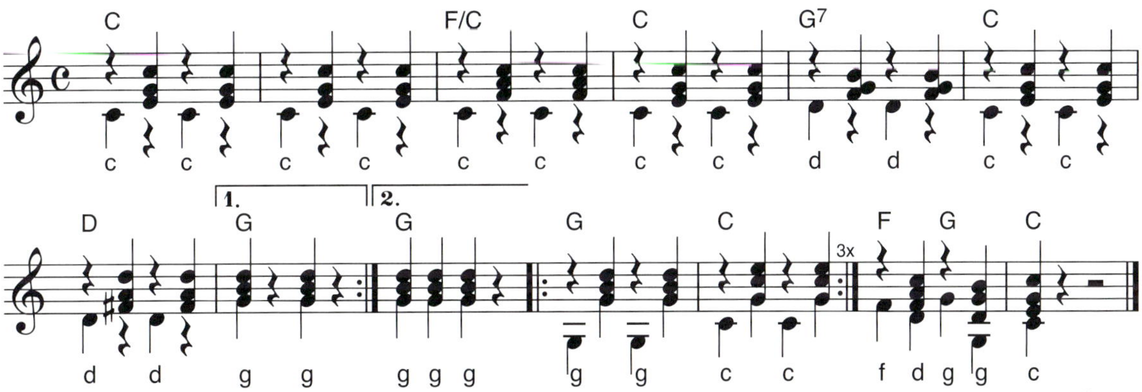

4. *Spielt die Rhythmus- und Stabspielbegleitung.* IV/32

Geister im Saal (Rock around the clock)

Melodie: Jimmy de Knight
Text: mündlich überliefert

2. Die Türe zu, der Saal ist voll,
die Geister tanzen Rock 'n' Roll. Und da …

3. Die Geister steh'n im Unterhemd,
der eine tanzt den Dixieland. Ja, da …

4. Und wer noch keine Beine hat,
ja, der wackelt mit dem Schulterblatt. Und da …

5. Die Türe geht auf, der Saal ist leer,
die Geister tanzen auch nicht mehr. Ja, da …

6. Und wer das Lied nicht singen kann,
ja, der fängt nochmal von vorne an. Und da …

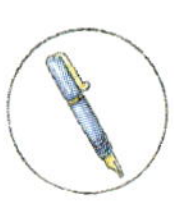

1. Den Text des Liedes haben sich Kinder selbst ausgedacht. Erfindet neue Strophen.

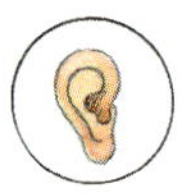

2. Hört euch das Original an. Es heißt »Rock around the clock«, kommt aus den USA und war dort vor ca. 50 Jahren ein großer Hit. Beschreibt die Begleitmusik und die Art des Singens.

 IV/33

3. Begleitet das Lied und zählt 1–2–3–4, 1–2–3–4 …

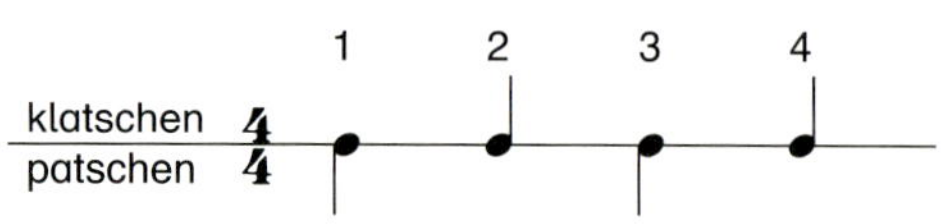

Dracula tanzt Rock 'n' Roll

Der Rhythmus

»Das ist der Rhythmus, bei dem ein jeder mit muss!«
So lautet eine Redewendung, die zum Ausdruck bringt, dass »Rhythmus‹«etwas Mitreißendes sein kann.

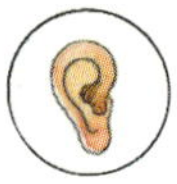

Hört euch einige Musikbeispiele an, bei denen der Rhythmus sehr wirkungsvoll klingt. IV/34

Rhythmus nennt man die Verteilung von Tonlängen in einem Zeitabschnitt.

1. Nehmt das Wort »Rhythmus« auseinander und sprecht es in diesem Rhythmus:

R H Ypsilon T H Mus IV/35

Fast alle Töne haben die Länge des Grundschlages, nur drei nicht. Welche sind es?

In Noten wird der Rhythmus so aufgeschrieben:

R - H - Yp-si-lon - T - H - MUS

Für das Aufschreiben von Tonlängen verwendet man normalerweise keine Striche, sondern Noten.
Die Noten haben den Vorteil, dass sie viel weniger Platz brauchen. Außerdem kann man am Aussehen einer Note gleich erkennen, wie lang der Ton im Verhältnis zu einem anderen ist.

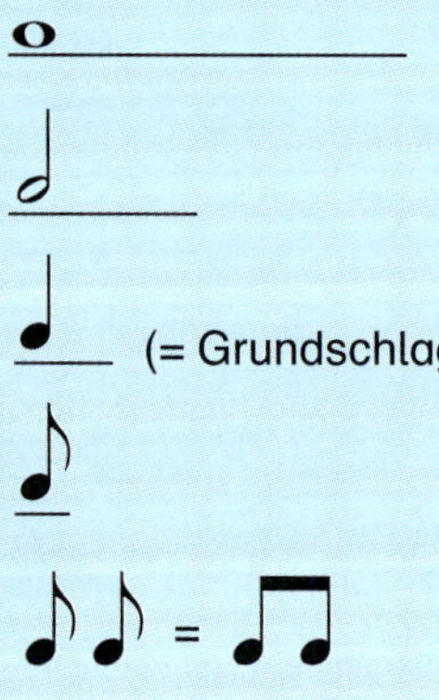

Ganze

Halbe

Viertel (= Grundschlag)

Achtel

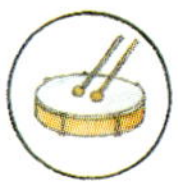

2. Spielt mit dem »R-H-Ypsilon-T-H-Mus«-Rhythmus:

Nehmt euch jeder ein Instrument und spielt ihn

– *als Kette*

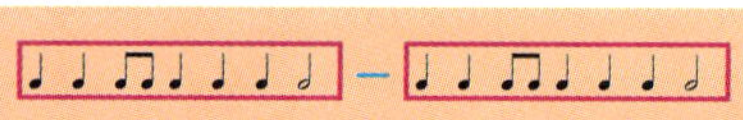

usw.

– *aufbauend*

usw.

– *im Wechsel einer/alle*

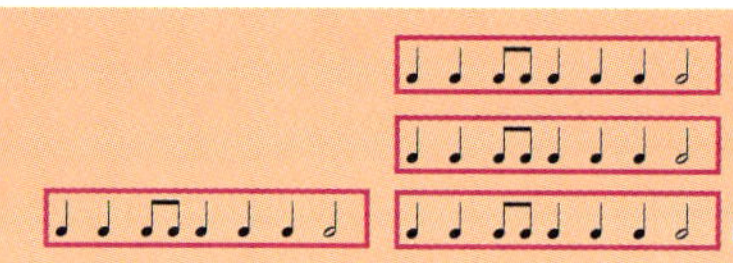

usw.

– *im Kanon*

usw. usw. usw.

IV/36

– *mit verschiedenen Instrumentengruppen*

Tipitipi tup tup IV/37

Melodie und Text:
Klaus W. Hoffmann/Rudi Mika

2. Die Tassen applaudierten
und das Handtuch rief entzückt:
»Dein Rhythmus, lieber Wasserhahn,
klingt ja total verrückt!«
Die Messer und die Gabeln
tanzten quietschvergnügt umher
und auch dem alten Suppentopf
gefiel der Rhythmus sehr.

3. Der Flötenkessel tanzte mit
und pfiff die Melodie.
Die Teller klapperten im Takt
mit sehr viel Fantasie.
Die Töpfe schepperten im
Schrank, die Gläser klirrten leis',
der Abfalleimer rülpste laut
und drehte sich im Kreis.

4. Da sprach die alte Küchenuhr,
dass ihr der Takt gefällt
und hat ihr Ticken auf den
Wasserrhythmus umgestellt.
Auf einmal ging die Türe auf,
der Klempner kam herein.
Der Wasserhahn wurd' repariert
und ließ das Tropfen sein.

1. Ihr könnt den Inhalt des Liedes nachspielen.

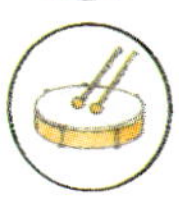

2. Gestaltet neue Rhythmen mit >tup< und >tipi<.

Beispiel:

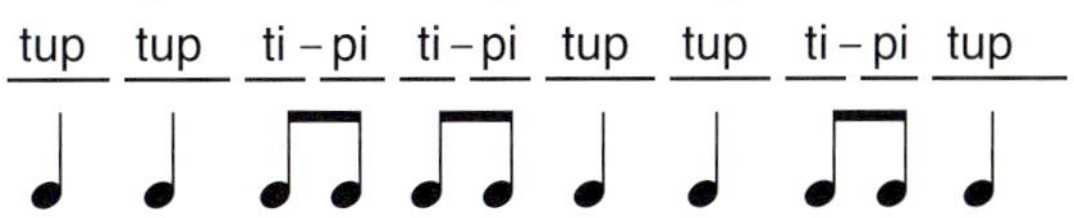

Der Disko-Tanz IV/38

Stellt euch vor, ihr tanzt mit Jungen und Mädchen in einem Tanzstudio. Dort zählt ihr die Längen eurer Bewegungen in Zahlen aus.

1. *Tanzt die vier Schritte und zählt dabei mit.*
   Denkt euch auch den Notenwert, der dazu gehört.

2. Hört euch das Disko-Stück an, bei dem man die vier Tonlängen gut unterscheiden kann. IV/38
Tanzt die passenden Schritte zu diesem Tanzstück.
Die gut zu hörenden Tonlängen sagen euch, welchen Schritt ihr tanzen müsst!

3. Denkt euch selbst neue Bewegungen aus,
die zu den vier verschiedenen Tonlängen passen und tanzt zur Musik.

Ein Hut, ein Stock, ein Regenschirm

IV/39

mündlich überliefert

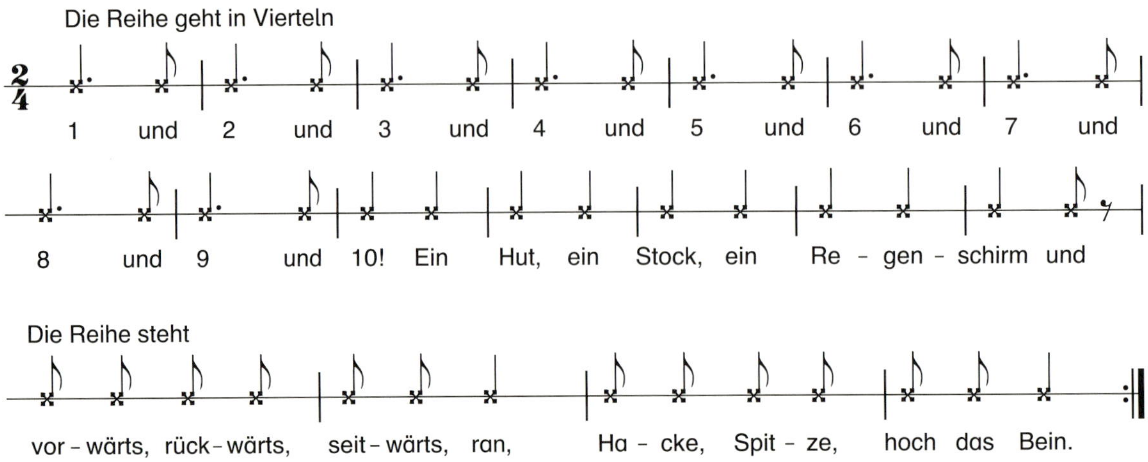

Dieser Sprechvers wird an vielen Schulen in der großen Pause gespielt. Dabei wird bei jedem Durchgang die jeweils letzte Zahl weggelassen.

Probiert ihn am besten auf dem Schulhof aus. Dort ist genug Platz, um eine lange Reihe zu bilden.

Besuch von zwei punktierten Noten

Der Punkt hinter einer Note bedeutet, dass die Tonlänge um die Hälfte ihres Notenwertes verlängert wird.

Im Lied »Ein Hut, ein Stock, ein Regenschirm« kommen im ersten Teil regelmäßig Dreiachtelnoten mit nachfolgender Achtel vor.

Die Notenwerte im Überblick

𝅝	=	Ganze
𝅗𝅥.	=	punktierte Halbe
𝅗𝅥	=	Halbe
♩.	=	punktierte Viertel
♩	=	Viertel
♪	=	Achtel

1. Klatscht zum Sprechvers in Vierteln.

2. Findet heraus, wann ein Klatscher mit einem Wort zusammenfällt, und wann nicht.

Mach mal Pause!

1. *Wovon erholen sich diese Leute gerade?*
   Erzählt von Gelegenheiten,
   bei denen ihr gerne mal eine Pause einlegt.
   In der Musik dienen die Pausen nicht der Entspannung.
   Häufig werden sie eingesetzt, um Spannung zu erzeugen.

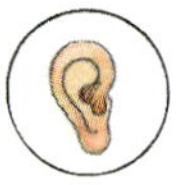

2. *Hört euch Beispiele an, und sprecht über die Wirkung.* IV/40–41

Die Notenschrift zeigt durch spezielle Zeichen an, wie lange eine Pause sein soll.

Ganze-Pause 

Halbe-Pause 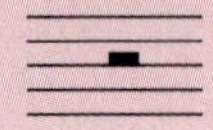

Viertel-Pause 

Achtel-Pause 

Stopp-Tanz

3. *Bewegt euch zum Musikstück frei im Raum, und >versteinert< eure Bewegungen in den Pausen.* IV/42
   Wer sich in den Pausen bewegt, scheidet aus.

   Wenn ihr im Grundschlag dazu klatscht und dabei bis >4< zählt, könnt ihr auch herausfinden, wieviel Schläge jede Pause lang ist.

   In diesem Stück wird ein Schlag Pause mit dem Zeichen der Viertel Pause notiert.
   Ihr könnt nun versuchen, alle Pausen mit den richtigen Pausenzeichen aufzuschreiben.

Jetzt fahr'n wir übern See

mündlich überliefert

*) Wer bei den unter 1. stehenden Pausen singt, muss ein Pfand bezahlen.

2. Und als wir drüben war'n,
da sangen alle Vöglein,
der helle Tag brach an.

3. Der Jäger blies ins Horn,
da bliesen alle Jäger,
ein jeder in sein Horn.

4. Das Liedlein, das ist aus,
und wer das Lied nicht singen kann,
der fängt von vorne an.

4. Singt das Lied und beachtet die Pausen.

Der musikalische Zoo

IV/43

Text, Rhythmus und Bewegungsanleitung: Helmut Maschke

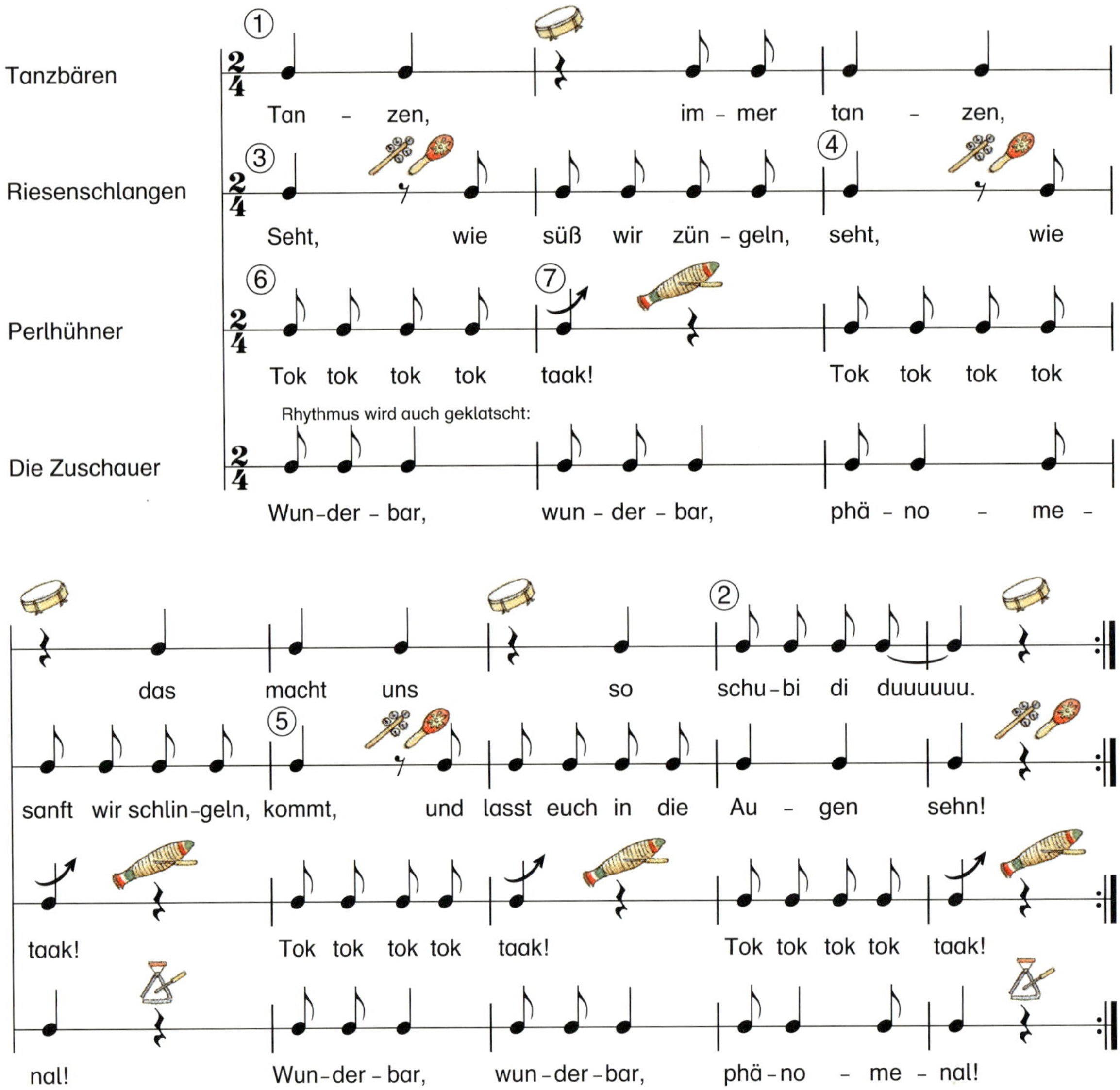

Bewegungsanleitung

Tanzbären

①–② = Hände vor dem Körper halten. Mit den Hüften wackeln.

②– Ende = Drehung um die eigene Achse

Riesenschlangen

③ = rechte Hand formt Monokel vor rechtem Auge
④ = linke Hand formt Monokel vor linkem Auge
⑤ – Ende = Lockbewegungen mit Armen und Händen, sich schlangenartig winden

Perlhühner

⑥ = Während der vier »Tok« mit dem Kopf leicht nach unten geneigt gehen
⑦ = Beim »taak« nach oben stoßen, glissando mit der Stimme.

Zuschauer
Im Sprechrhythmus verhalten applaudieren.

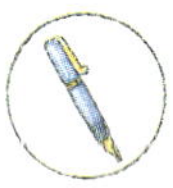

1. Denkt euch selbst weitere Strophen in einem festgelegten Sprechrhythmus und passenden Bewegungen aus. IV/44

Beispiele (Verfasser unbekannt):

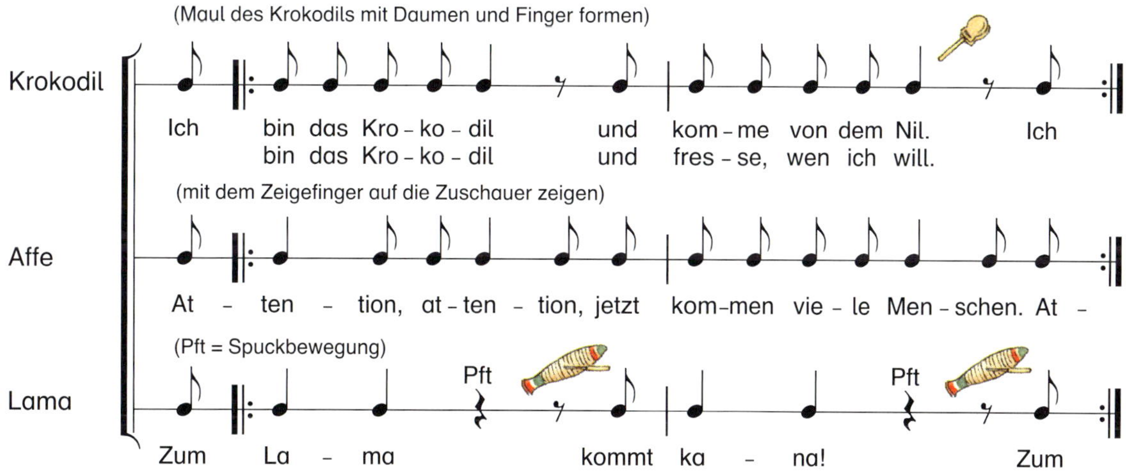

Tonhöhen notieren

Wir sortieren Noten IV/45

Melodie und Text: Volker Rosin

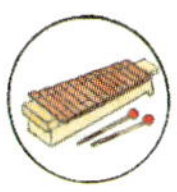

1. *Ihr könnt selbst eine Melodie aus den sechs Noten, die am Schluss des Liedes verwendet werden, erfinden:*

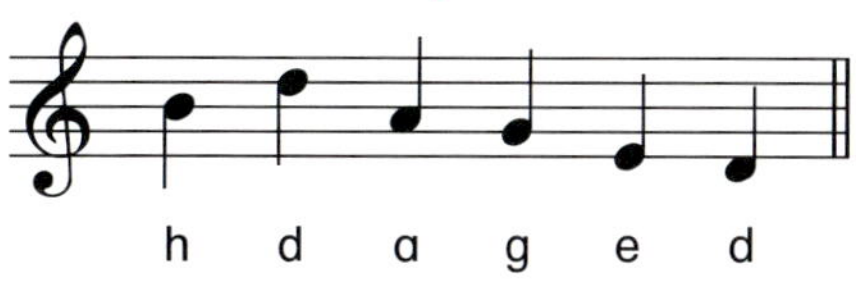

Noten lesen und schreiben

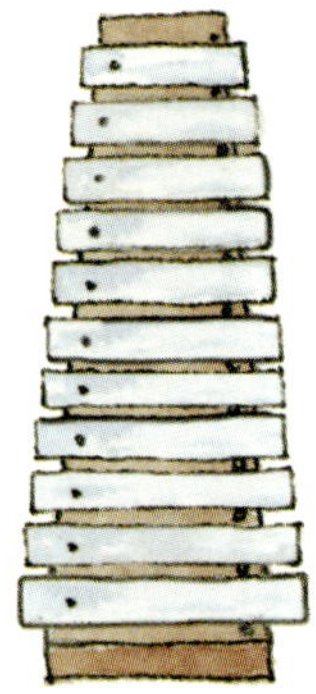

Bringt ein Stabspiel in die Senkrechte.
Nun seht ihr, wie die Töne hinauf und hinunter klettern.

Auch die Noten klettern in fünf Linien hinauf und hinab.
Wenn die fünf Linien nicht ausreichen, verwendet man Hilfslinien.

1. Findet ihr die zwei Noten mit Hilfslinien?
Schreibt selbst eine solche Notenreihe.

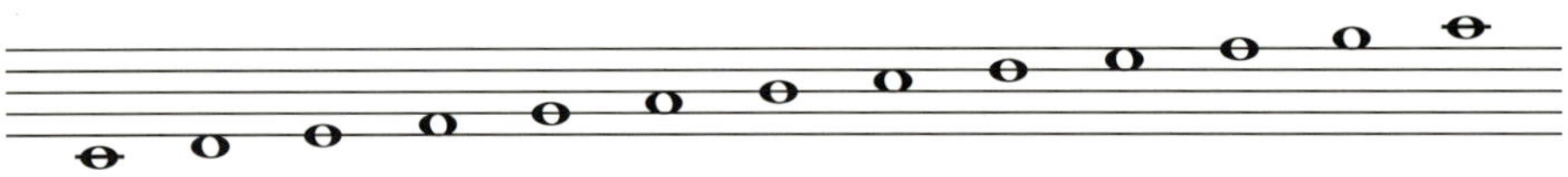

Noten werden wie Buchstaben nebeneinander geschrieben, auch wenn sie auf und zwischen den Linien hin und her springen. Stehen sie untereinander, werden sie zusammen gespielt.

2. Versucht die Töne abzuspielen.
Schreibt selbst Noten nebeneinander und in verschiedenen Höhen.
Spielt auch eure eigenen Töne ab.

Ihr könnt auch ohne ein Stabspiel die Notennamen erkennen.
Der G-Schlüssel sagt euch, wo das g liegt. Alle anderen Notennamen folgen daraus.

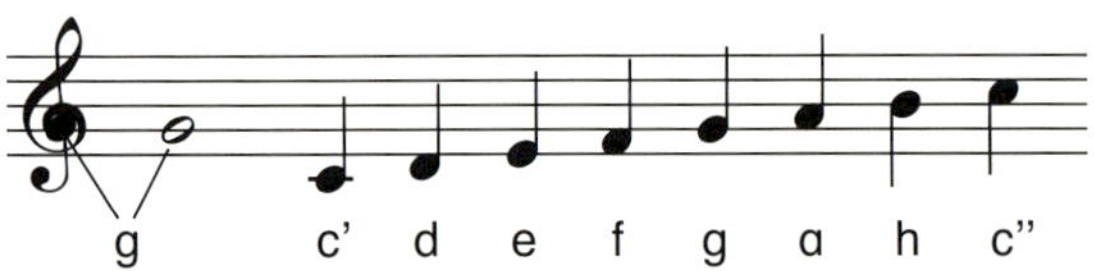

Wenn vor einem Ton ein Kreuz steht, wird er einen halben Ton höher gespielt. Zum Beispiel wird aus dem Ton f ein fis.

Wenn vor einem Ton ein b-Zeichen steht, wird er einen halben Ton tiefer gespielt. Zum Beispiel wird aus einem h ein b.

Wo steckt die Tonleiter?

Senjua

mündlich überliefert aus Ghana

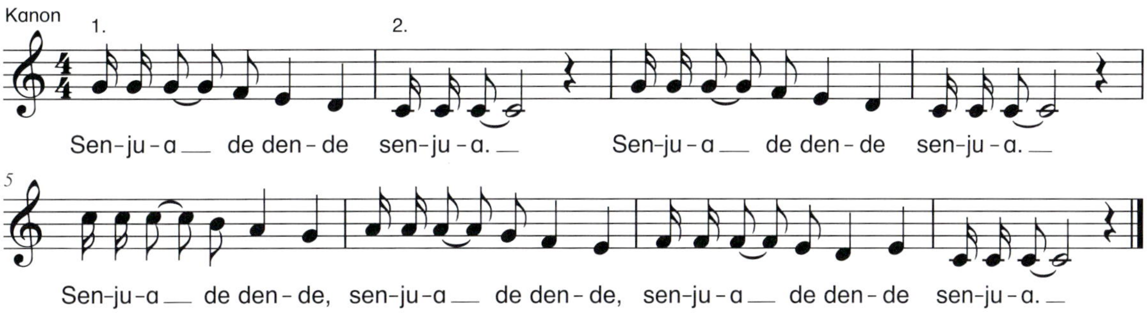

Die Melodie dieses Begrüßungsliedes aus Afrika enthält die abwärts führende Tonleiter.

3. Wo versteckt sie sich in Takt fünf bis acht?

4. Singt das Lied im Kanon.

Das Huhn, das fraß

IV/46

Melodie und Text: mündlich überliefert

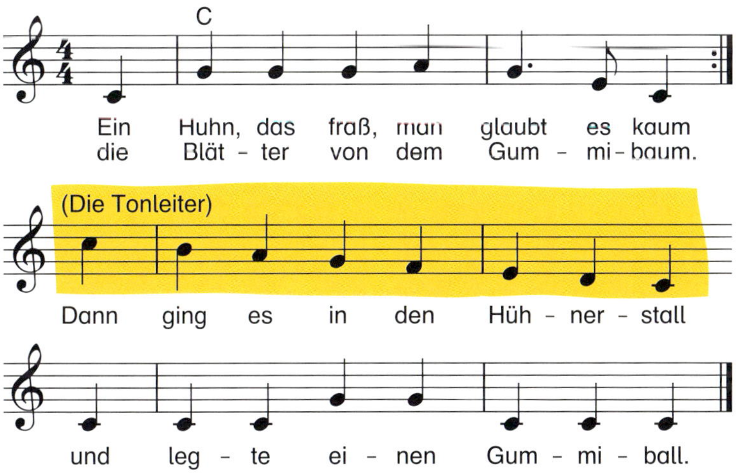

Wie die Sprossen einer Leiter führen die Töne einer Tonleiter in bestimmten Abständen nach oben und unten.

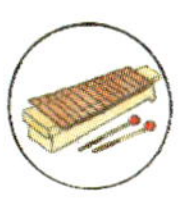

5. Versucht selbst nach Noten zu spielen.
Singt das Lied und spielt die darin vorkommende Tonleiter mit.
Ihr könnt auch das ganze Lied abspielen.

Der Schulmeister

Zur Zeit Georg Philip Telemanns (1681–1767) hießen die Lehrer noch Schulmeister. Telemann hat sich als Komponist einen Spaß gemacht und seinen ›Schulmeister‹ als lustigen Kauz dargestellt. Dieser kommt herein und will eine ›Singstunde‹ abhalten. Zuerst sollen die Schüler die Tonleiter nachsingen.

IV/47

So wird sie dort gesungen:

Anstatt seinen Unterricht fortzusetzen, kommt der Schulmeister plötzlich ins Schwärmen über seine ›Sangeskunst‹. »Wenn der Schulmeister singt, klingt es wunderschön!« behauptet er immer und immer wieder. Erst als er merkt, dass keiner hinhört, und dass sich die Schüler über ihn lustig machen, beendet er seine Vorführung und bringt ihnen endlich ein Lied bei.

Das Lied kommt ihnen allerdings sehr merkwürdig vor.
Der Text in lateinischer Sprache bedeutet übersetzt:
Die griechischen Gelehrten Aristoteles, Plato und Euripides sind in den Abgrund gefallen. IV/48–49

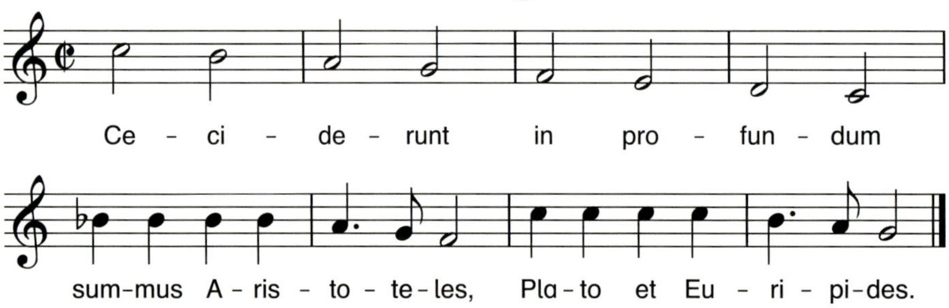

1. *Der Schulmeister hat den Kindern am Anfang der Musikstunde die Tonleiter beigebracht. Wo und wie kommt sie in dem Lied vor?*

2. *Singt das Lied zum Hörbeispiel. Euer Einsatz erfolgt, wenn die Melodie einmal gesungen wurde. Dann singt ihr das Lied vier Mal hintereinander.* IV/50

Notenrätsel

Hier seht ihr zwei Liedanfänge, die nicht in Noten, sondern mit Hilfe von Röhren und Blockflötengriffen notiert sind.

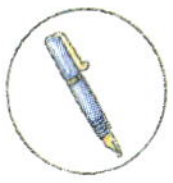

1. Notiert die zwei Liedanfänge in Noten.

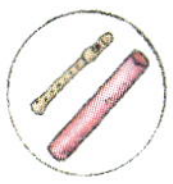

2. Spielt die Liedanfänge a) und b) auf Boomwhackers, Blockflöten, Stabspielen oder Tasteninstrumenten.

3. Um welche Liedanfänge handelt es sich?

Liedanfänge

Boomwhackers

a) 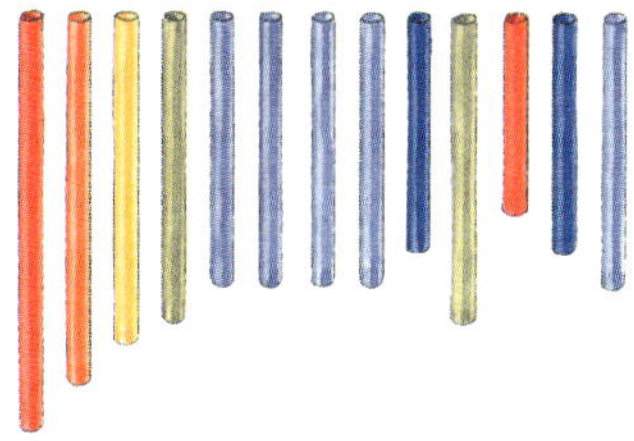

Blockflöte

b) 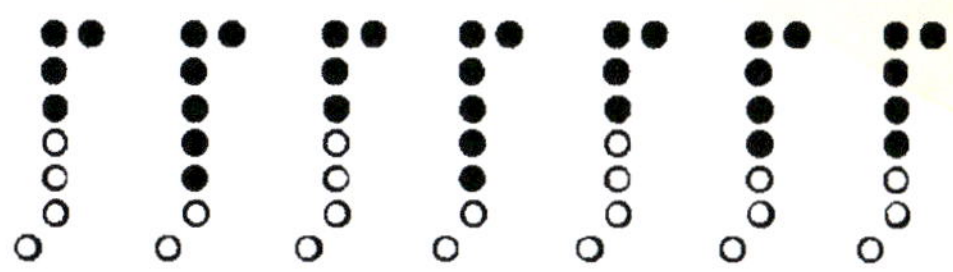

Die Tonleiter auf der Blockflöte und mit Boomwhackers:

Die Blockflöte

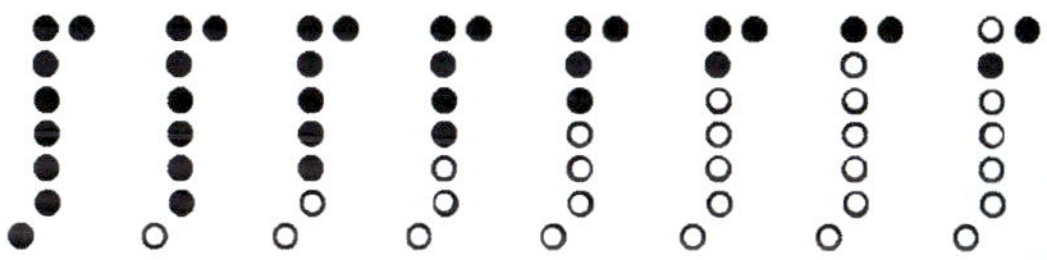

c' d' e' f' g' a' h' c''

Boomwhackers

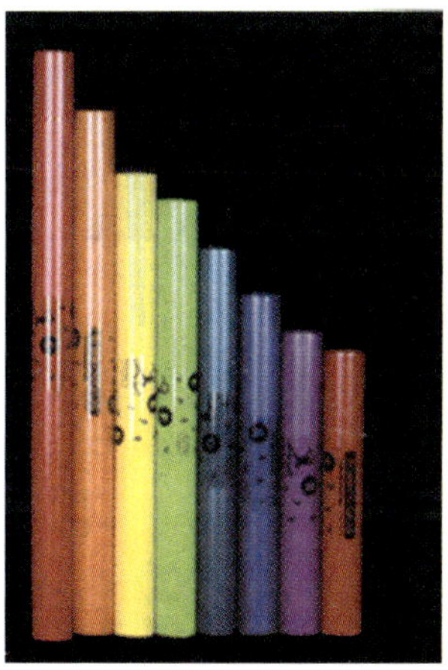

c' d' e' f' g' a' h' c''

Je höher die Luftsäule, desto tiefer ist der Ton.

Erklärt dieses Prinzip auch für die Blockflöte.

Abenteuer im Stadtviertel

›Pfiffikus‹ hat sich einen Scherz mit dem Obsthändler Meier und dem Fischverkäufer Schulze erlaubt. Herr Meier vermisst eine Bananenstaude und Herrn Schulze fehlen zwei Perlen aus seinen Austern.
Stattdessen findet jeder einen Zettel.

❓ *Könnt ihr den beiden die Verstecke verraten?*

Noten-Kreuzworträtsel

Alle Noten sind vom G-Schlüssel aus zu lesen.

1. *Löst das Kreuzworträtsel, indem ihr aus den Notennamen die Wörter zusammensetzt.*

Stichworte